I0775013

Cómo caerle bien a la gente

Trucos psicológicos, hábitos y bromas para aumentar inmediatamente su carisma y capacidad de influir en la gente

Tabla de contenidos

Introducción

¿Se siente solo? ¿Quiere aprender a caerle bien a los demás?

Como introvertido, ¿le resulta difícil hacer nuevos amigos o tiene la impresión de que no le cae bien a nadie?

¿Quiere caer bien, ser valorado y reconocido por los demás?

¿Desea mejorar su seguridad personal, su carisma y su simpatía en general?

¿Le atrae la idea de una vida mejor, más cómoda y más satisfactoria?

Si alguna de estas preguntas lo describe, no está solo. En este mundo acelerado e interconectado digitalmente, estamos más aislados físicamente que nunca. Las razones son variadas: la gente está ocupada, o puede que se haya dejado llevar por las publicaciones de las redes sociales a las que casi todo el mundo se entrega, y que sabemos que no son un fiel reflejo de la vida ordinaria.

Aun así, es un problema real, y este libro le enseñará a afrontarlo para que no tenga que sufrir más el FOMO (por sus siglas en inglés, se entiende como el miedo a estar ausente).

La capacidad de conocer gente nueva con rapidez y facilidad puede tener consecuencias de gran alcance en su vida personal y profesional. Tanto si su objetivo es avanzar en su carrera como si simplemente quiere conocer gente interesante en un lugar nuevo, merece la pena desarrollar esta habilidad.

Todo el mundo ha conocido alguna vez a alguien que le ha caído bien de inmediato. Sin esfuerzo, es como una novela superventas que ha sido bien recibida por los lectores de todo el mundo. Enseguida se da cuenta de que puede confiar en esa persona.

Quizá sea el director general de la empresa para la que trabaja, cuya personalidad magnética es la clave de su éxito. O quizá conozca a alguien capaz de entrar en una fiesta y salir con un par de amigos sin esfuerzo. El verdadero misterio es cómo llegaron a ser tan populares. ¿Cree que puede aprender a caerle bien a los demás?

No todo el mundo nace con la habilidad de hacer nuevos amigos. A pesar de ello, todos podemos mejorar nuestra simpatía. Con un poco de orientación, puede empezar a desarrollar rutinas que mejorarán sus interacciones sociales con los demás.

Los fundamentos para caer bien a los demás son evidentes: ser agradable, cortés y un buen ser humano. Hay cosas menos obvias y encubiertas que puede hacer y que influirán significativamente en cómo le ven los demás.

La solución está al alcance de su mano. Con este libro, se embarcará en un viaje único de superación personal para aprender a convertirse en una persona más amable y atractiva. No encontrará un libro más accesible que éste, y sus consejos prácticos lo diferencian de la competencia.

Aunque el proceso requiere experiencia y confianza, quienes conozcan las estrategias probadas y detalladas encontrarán el camino fácil.

Capítulo 1: Conexiones sociales: ¿Por qué son tan importantes?

Lo sentimos, introvertidos, pero tener contactos sociales es bueno para la salud mental y el bienestar. Según *Mental Health UK*, estudios recientes han demostrado que las relaciones sociales pueden influir significativamente en la salud mental de una persona. Vivir en una comunidad y estar cerca de la familia y los amigos puede hacerle más feliz y mejorar su salud física. Las relaciones sanas pueden hacer que viva más porque le protegen de problemas mentales y riesgos que pueden reducir su esperanza de vida. Algunas personas cometen el error de pensar que las relaciones sociales dependen más de la cantidad que de la calidad: el tipo de relaciones que tiene en su vida importa más que el número. Rodearse de personas tóxicas puede tener el efecto contrario en el bienestar mental. Las relaciones sociales negativas aumentan la ansiedad y el riesgo de depresión.

Establecer vínculos sociales es importante porque le permite crecer

La mayoría de la gente presta atención a lo que come, a su estilo de vida y a sus hábitos de sueño y olvida que las relaciones también son esenciales para el bienestar. Por lo tanto, a la hora de establecer conexiones, céntrese en las personas que le hacen sentir bien después de pasar tiempo con ellas, no en las que le dejan agotado y estresado. Establecer conexiones sólidas y sin complicaciones desempeñará un papel enorme en la regulación de su salud mental. Las relaciones positivas le hacen mejor persona, aumentan la confianza en usted mismo, mejoran su calidad de vida y le hacen más confiado y empático. Las personas que pasan por cualquier tipo de recuperación también necesitan estar rodeadas de sus seres queridos, ya que puede acelerar su proceso de curación. Las relaciones sólidas también pueden reforzar el sistema inmunitario y reducir el riesgo de demencia.

El ser humano no está hecho para vivir solo. Desde la antigüedad, la gente ha comprendido que vivir en grupo es vital para la supervivencia, y así es como y por qué evolucionaron las tribus. Miles de años después, la ciencia ha confirmado lo que los antiguos sabían desde el principio: las conexiones sociales son necesarias. Durante la pandemia de COVID-19, cuando la gente estaba aislada y se veía obligada a quedarse en casa, muchos sufrían problemas de salud mental. Incluso los introvertidos luchan contra el aislamiento y echan de menos una conexión humana real.

Imagine que tiene un mal día en el trabajo. Trabaja demasiado, su jefe nunca parece apreciarlo y se siente estresado. Envía un mensaje de texto a su grupo de trabajo diciendo: «Hoy he tenido el peor día en el trabajo. No puedo más». Segundos después, recibe un mensaje de tres amigos del trabajo diciendo que sienten su dolor y sugieren que salgan todos juntos después del trabajo para desahogarse. Van a un buen restaurante, comen algo delicioso y pasan toda la noche hablando, riendo y divirtiéndose. Vuelve a casa con la sensación de haberse quitado un peso de encima. Su trabajo sigue siendo horrible, pero ya no está tan estresado o enfadado como antes, gracias a tener un grupo de apoyo sano en el trabajo.

Las relaciones sociales mejorarán su vida. Este capítulo le explicará su valor y cómo pueden beneficiar su vida.

¿Qué son las relaciones sociales?

Las conexiones sociales son las relaciones que cultiva con las personas de su vida, ya sean familiares, amigos, compañeros de trabajo, vecinos, etc. No tiene por qué ser amigo íntimo de todos sus contactos sociales. Algunas relaciones pueden ser casuales. El tamaño de su círculo social también es irrelevante. La mayoría de la gente asume que debe tener un gran número de conexiones sociales, con cientos de amigos en Facebook y miles de seguidores en Instagram y LinkedIn. Puede tener cientos de amigos en su lista de contactos, y ninguno de ellos acudirá si necesita ayuda. Basta con tener un par de amigos íntimos que lo apoyen, lo quieran y lo respeten. No importa cuánta gente tenga a su alrededor. Lo que importa es cómo lo hacen *sentir.*

La conexión social en una comunidad es vivir en un lugar donde no se siente como un extraño. Pertenece a ese lugar. Conoce a sus vecinos y a la gente de su comunidad. Tiene un grupo de apoyo sano y está rodeado de personas con las que puede establecer relaciones fuertes y sanas.

El ser humano es social por naturaleza. Desde el momento en que nace, conecta instantáneamente con sus padres y hermanos y, a medida que crece, va formando nuevos vínculos. El primer vínculo que establece con sus padres influye en el resto de sus relaciones. Tener unos padres cariñosos y atentos influirá en su elección de las personas con las que pasa el tiempo, ya que gravitará más hacia las relaciones sanas. Según la investigación realizada por Matthew Lieberman (autor, psicólogo social de la UCLA y editor fundador de la revista *Social Cognitive and Affective Neuroscience*), los seres humanos anhelamos la interacción; estamos programados para establecer conexiones con los demás.

Elementos de la conexión social

Para comprender la conexión social es necesario conocer a fondo sus elementos.

Pertenencia

Todo el mundo quiere sentir que pertenece a algo. El concepto de conexión social siempre se ha asociado al sentimiento de pertenencia, a formar parte de un grupo y a estar rodeado de personas similares a uno. Desarrollar conexiones sociales surge de una profunda necesidad psicológica de conectar con los demás, lo que contribuye a su calidad de vida.

Conectar con los demás y sentir que se preocupan por usted, lo respetan y lo valoran puede hacerle sentir que pertenece a algo. Todo el mundo quiere sentir que pertenece a algún sitio. De nuevo, esto está relacionado con nuestra evolución y con cómo nuestros antepasados crearon tribus para sentir que formaban parte de una comunidad. Hace amigos, va a la iglesia, pasa tiempo con sus familiares e intenta caer bien a sus compañeros de trabajo para sentirse parte de una comunidad. Un sentimiento de pertenencia puede protegerle de la soledad y el aislamiento y hacerle más resistente.

Hay una diferencia entre sentirse solo y solitario. Ninguna de las dos cosas está asociada al número de personas que hay en su vida. Puede tener cientos de contactos o estar rodeado de una docena de personas y sentirse solitario si ninguna de esas relaciones lo llena. Sin embargo, estar solo es cuando no está rodeado de gente, pero no lo siente porque las relaciones en su vida son satisfactorias, aunque sólo tenga dos amigos.

Apoyo

El apoyo es un elemento esencial de las relaciones sociales. Las personas establecen relaciones para sentirse apoyadas por sus seres queridos. El apoyo social consiste en que una persona o grupo lo ayude a resolver un problema o alcanzar un objetivo. Hay varios tipos de apoyo social. El primero es el apoyo emocional, que se da sobre todo en las relaciones íntimas, pero también puede darse en otros tipos de relaciones. Consiste en proporcionar cariño, comprensión y simpatía.

El apoyo informativo consiste en apoyar a alguien proporcionándole información útil, como informar a un amigo sobre una oferta de trabajo o darle consejos valiosos sobre una relación o un consejo médico. El apoyo instrumental es el último tipo de apoyo más práctico, como prestar dinero a un amigo.

Socialización

Socializar es participar en actividades con otras personas, como ver una película, salir a cenar o asistir a un concierto. Estas actividades permiten pasar tiempo con sus seres queridos o con compañeros de trabajo para estrechar lazos. Muchas actividades son más divertidas cuando se hacen con otras personas.

Tipos de conexiones sociales

No elige a la gente al azar para que forme parte de su círculo social. Las conexiones sociales se basan en determinados criterios, por lo que existen varios tipos. Entender estos tipos es necesario a medida que amplía su círculo social y forma nuevas conexiones.

Conexiones íntimas

Las conexiones íntimas no son lo mismo que las sexuales. Según la psicóloga Megan Fleming, las conexiones íntimas implican una cercanía profunda e intensa con alguien. No se crea de inmediato, sino que se desarrolla con el tiempo. Cuando lo consigue, esa persona se convierte en su *zona de confort*. Y este tipo de conexión no se da sólo entre parejas románticas; puede desarrollarla con sus familiares, amigos, compañeros de trabajo, etc. La intimidad puede darse cuando conecta emocional, intelectual, espiritual y, en el caso de las parejas románticas, físicamente.

Conexiones relacionales

Las conexiones relacionales se producen cuando se relaciona con los demás y entabla relaciones sanas con personas con las que disfruta. Ya sean amigos, compañeros de trabajo o miembros de la familia, estas personas tienen un interés o una actividad en común, lo que facilita la relación con ellos. Por ejemplo, si establece conexiones relacionales con sus compañeros de trabajo, todos trabajaran bien en equipo y encontraran soluciones creativas a sus problemas.

Conexión colectiva

Una conexión colectiva suele implicar a un grupo de personas que comparten un vínculo directo o indirecto. Puede referirse a personas que comparten antecedentes o culturas similares. Por ejemplo, los estadounidenses que trabajan en el extranjero suelen conectar con otros estadounidenses, ya que comparten un vínculo común que es su país de origen.

La importancia de las buenas relaciones sociales

Las conexiones sociales son necesarias para nuestra supervivencia. Los humanos nacemos con la necesidad de conectar; está en nuestro ADN. Cuando nacen, los bebés lloran llamando a sus madres. Aunque no entiendan cómo funciona el mundo, les mueve el impulso de conectar con su cuidadora. Lo mismo ocurría en las sociedades antiguas, que no disponían de la investigación científica que tenemos ahora, pero comprendían la necesidad de vivir en grupo. Sus instintos tribales se activaron cuando descubrieron que la vida tribal les proporcionaba apoyo, protección y una identidad. Las películas históricas y los programas de televisión nos han mostrado cómo las familias vivían juntas en la misma casa y se cuidaban mutuamente. No importaba si la casa era grande o pequeña; nada podía separar a los miembros de la familia.

Ser sociable da confianza

https://www.pexels.com/photo/group-of-friends-sitting-near-lifeguard-post-7148441/

Las cosas han cambiado en el mundo moderno; no sólo la gente se muda cuando llega a cierta edad, sino que algunos miembros de la familia pueden pasar años sin verse. La mayoría de las personas tienen agendas muy apretadas que no les dejan tiempo para conectar con sus seres queridos. Incluso en la era de las redes sociales, que se supone que nos hacen sentir más conectados, nunca nos hemos sentido más separados. Sus amigos y familiares crean grupos de chat de WhatsApp para que todo el mundo «conecte» entre sí. Sin embargo, ¿cómo se puede conectar con alguien detrás de una pantalla? Los científicos han descubierto que muchas personas se sienten solas y aisladas ahora más que nunca.

El aislamiento y la soledad no impulsan a la gente a salir y encontrar conexiones significativas. Al contrario, hacen que se sientan estancados, ya que se acostumbran a estos sentimientos y cuesta crear vínculos con los demás. Las emociones negativas atraen más emociones negativas, que repercuten en el estado físico y mental y alteran otras áreas de la vida, como el rendimiento laboral.

¿Recuerda cómo se sentía cuando otros niños no querían jugar con usted de pequeño? Los científicos han descubierto que las interacciones sociales negativas y los rechazos tienen el mismo impacto en el cerebro que el dolor físico. No sólo necesita conexiones sociales, sino relaciones positivas y sanas.

Las relaciones sanas pueden cambiar su forma de ver el mundo que lo rodea. Imagine a dos personas en un hospital; una tiene a su familia y amigos a su lado apoyándola, mientras que la otra tiene una habitación llena de flores, pero ni una persona a su alrededor. ¿Cómo cree que se siente cada uno consigo mismo y con el mundo? Estar solo en un momento crítico como éste puede afectar la curación de una persona, ya que probablemente tardará más en recuperarse que quienes están rodeados de sus seres queridos. Según el autor Shawn Achor (Harvard), si sube una cuesta solo, la considerará un 30 % más empinada que si la sube con un amigo. En otras palabras, las personas sienten que pueden superar los retos y los momentos difíciles cuando tienen un amigo o un grupo de apoyo a su lado.

La falta de conexiones sociales en su vida puede afectar seriamente a su salud física. Puede elevar los niveles de azúcar en sangre a niveles peligrosos, causar inflamación, aumentar la tensión arterial, afectar el sistema inmunitario y aumentar el riesgo de cáncer y enfermedades cardiovasculares. En algunos casos graves, puede llevar a pensamientos suicidas.

Otros beneficios de las buenas relaciones sociales

Aumentan su esperanza de vida

Según un estudio de 2016 de la Universidad de Carolina del Norte, la soledad y el aislamiento pueden acortar su esperanza de vida y llevarle a una muerte prematura. La falta de conexión social es más peligrosa para la salud que el tabaquismo y la obesidad. Aunque no vea a su círculo social a menudo o no hablen todos los días, saber que están ahí y que lo apoyan es suficiente para sentirse mejor y más sano, lo que puede aumentar su esperanza de vida. La longevidad, en este sentido, no está asociada a una determinada edad o sexo. Cualquiera puede beneficiarse de buenas conexiones sociales en su vida.

Mejoran su vida

La falta de conexión social también puede dañar su salud emocional. Según un estudio de 2018 realizado por la American Chemical Society, el aislamiento puede aumentar el riesgo de obesidad, accidente cerebrovascular y tabaquismo. Las conexiones sociales positivas mejorarán su calidad de vida y lo harán más feliz.

Aumentan su capacidad de recuperación

Estar rodeado de personas que lo apoyan, especialmente después de una experiencia traumática, puede aumentar su resiliencia y ayudarle a recuperarse más rápido. Cuando está pasando por un mal momento, estará estresado y consumido por pensamientos y emociones negativas. Cambiar de perspectiva o ver el vaso medio lleno puede ser imposible cuando sólo se centra en la negatividad. Un buen amigo puede animarle, levantarle el ánimo y cambiar su perspectiva. Los retos no parecen tan grandes cuando sabe que no los afronta solo. Su círculo social da sentido a su vida, lo que también aumenta su resiliencia.

Aumentan la confianza en uno mismo

Todo el mundo tiene pensamientos negativos y una crítica interna que a veces puede destruir la confianza en uno mismo. Los buenos amigos y los familiares que lo apoyan pueden hacer que se sienta mejor con usted mismo, acallar su crítico interior y aumentar su confianza en usted mismo. Sentirse querido y apreciado es necesario para su bienestar y puede aumentar su autoestima. Se siente valioso cuando alguien se preocupa por usted y lo hace sentir querido y necesitado. También refuerza el sentimiento de pertenencia, que puede hacerle prosperar y mejorar otras partes de su vida. Su grupo de apoyo lo hace sentir seguro y respaldado. Saber que alguien siempre le cubrirá las espaldas y estará a su lado siempre que lo necesite puede darle la confianza y la fuerza necesaria para superar cualquier reto.

Conexiones sociales y salud mental

La pandemia de COVID-19 demostró que nuestra salud mental se resiente sin conexión humana. La soledad puede aumentar el riesgo de múltiples problemas como la depresión y la ansiedad. Las conexiones sociales le hacen sentir que pertenece a algo. Por ejemplo, si recibe una lucrativa oferta de trabajo en el extranjero, no tomará la oportunidad inmediatamente porque la idea de dejar atrás a sus seres queridos resulta muy difícil. Su hogar no es un *lugar*; es donde están sus amigos y su familia. Cuando una persona se traslada a un lugar nuevo, lo primero que hace es conectar con la gente de la comunidad para sentirse menos sola y aislada. La conexión humana facilita las cosas. Ya sea por una ruptura o por la pérdida de alguien cercano, saber que tiene a alguien en quien confiar y con quien conectar puede quitarle un peso de encima.

Sentimientos de plenitud

Imagine que recibe una llamada de su mejor amigo del instituto, al que hace años que no ve ni sabe nada de él. Se reúnen y se encuentra abrazándolo y llorando de alegría por haberse reencontrado por fin con un viejo amigo. En otro caso, sus amigos vienen a casa con comida y bebida, y cada uno se pasa el tiempo hablando de su trabajo o de sus relaciones. En el último escenario, usted y sus amigos del trabajo salen a cenar, se divierten, hacen bromas y se ríen. En los tres escenarios expresa emociones diferentes, lo que hace que el cerebro libere dopamina, la sustancia química de la felicidad, de modo que cada acontecimiento lo hace sentir más ligero y realizado. Ya sean lágrimas o risas, liberar emociones puede mejorar su estado de ánimo. Cultivar conexiones saludables en el trabajo también puede hacer que se sienta más realizado en su trabajo, lo que mejorará su rendimiento y productividad.

Disminuye los pensamientos suicidas

No es exagerado decir que las conexiones humanas pueden salvarle la vida. Como ya hemos mencionado, son vitales para la supervivencia. La soledad puede conducir a la depresión, que se sabe que aumenta los pensamientos suicidas. Las relaciones sanas pueden hacer que se sienta apoyado, escuchado y menos solo, lo que puede prevenir los pensamientos suicidas. También proporcionará alguien con quien hablar y que le guiará en sus momentos más oscuros.

La vida es bastante exigente sin tener a su lado personas que lo apoyen. Recuerde que el amor y el apoyo van en ambas direcciones. Cultivar las conexiones sociales requiere que también apoye y acepte a las personas de su vida. Las relaciones consisten en dar y recibir, y si recibe sin dar, sus relaciones se resentirán. Ofrezca a las personas de su vida un espacio seguro en el que desahogarse sobre sus problemas y ayúdeles a encontrar soluciones cuando lo necesiten, o simplemente préstelen oídos comprensivos.

Todos queremos amar y ser amados a cambio, que es una de las razones por las que buscamos la conexión humana. Los seres humanos han nacido para socializar. Nada puede sustituir a la conexión humana.

Aunque no sea sociable, necesitará a alguien que le cubra las espaldas y esté a su lado en los momentos difíciles. Todo el mundo necesita ayuda alguna vez. Incluso las peores y más miserables situaciones pueden ser más fáciles con un amigo al lado. Recuerde que la miseria ama la compañía.

Aumentar las conexiones sociales o ampliar su círculo requiere conocer gente y hacer nuevos amigos. Si quiere caerle bien a la gente, céntrese en crear una primera impresión sólida. Alguien puede tardar menos de un minuto en decidir si le cae bien. Sólo tiene unos segundos para causar una gran impresión. Esto no es tan complicado como cree. Vaya al siguiente capítulo para descubrir cómo puede causar una primera impresión duradera que garantice que todas las personas que conozca nunca lo olvidarán.

Capítulo 2: Cómo causar una gran primera impresión

Todos hemos oído decir que la primera impresión lo es todo. Y aunque es cierto que las primeras impresiones son importantes, hay mucha psicología y ciencia detrás de *por qué* son tan importantes. Para empezar, nuestro cerebro está programado para emitir juicios rápidos sobre las personas basándose en muy poca información. De hecho, las investigaciones han demostrado que nos formamos una primera impresión en tan sólo una décima de segundo. Esta capacidad de evaluar rápidamente a alguien es una adaptación evolutiva que ayudó a nuestros antepasados a sobrevivir en la naturaleza identificando rápidamente si alguien era amigo o enemigo.

Las primeras impresiones dejan huella en las personas
https://unsplash.com/photos/9cd8qOgeNIY

Hoy en día, por suerte, no tenemos que preocuparnos por ser devorados por tigres u otros depredadores. Pero el funcionamiento de nuestro cerebro hace que las primeras impresiones sigan teniendo un impacto significativo en cómo vemos a la gente. Una vez que nos formamos una opinión inicial sobre alguien, tendemos a filtrar toda la información futura sobre esa persona a través de esa lente. Así, si tenemos una primera impresión positiva de alguien, es más probable que lo veamos de forma positiva en el futuro. Del mismo modo, si tenemos una primera impresión negativa, es más probable que sigamos viéndola de forma negativa.

Hay varias cosas que puede hacer para causar una buena primera impresión. En primer lugar, vístase de forma adecuada para la situación, ya sea *informal* para una entrevista de trabajo o con su *mejor traje de fiesta* para salir por la noche. En segundo lugar, preste atención a su lenguaje corporal y sea consciente de cómo se está mostrando: la confianza es la clave. Por último, intente ser usted mismo y deje que su personalidad brille: a la gente le atrae la autenticidad.

Causar una buena primera impresión es esencial para progresar en la vida. Si conoce la psicología que subyace tras la importancia de la primera impresión, aprenderá a dar siempre lo mejor de usted.

¿Qué es una primera impresión?

Una primera impresión es el juicio inicial que una persona se forma sobre otra. Ocurre cuando conocemos a alguien por primera vez y puede basarse en su aspecto, lenguaje corporal, tono de voz o forma de vestir. La primera impresión suele producirse muy deprisa, a los pocos segundos de conocer a alguien, y puede ser difícil de cambiar. Dice el refrán que sólo se tiene una oportunidad para causar una buena primera impresión. Aunque no nos demos cuenta, a menudo nos formamos una primera impresión sin ni siquiera pensarlo. Esto se debe a que nuestro cerebro trata constantemente de procesar el aluvión de información que recibe y emitir juicios en fracciones de segundo sobre su significado. De hecho, los estudios han demostrado que la gente suele decidir si alguien le gusta o no a los pocos segundos de conocerlo. Aunque las primeras impresiones suelen basarse en factores superficiales, hay algo de psicología detrás. Por ejemplo, las investigaciones han demostrado que la gente tiende a juzgar a los demás en función de su nivel de atractivo. Las personas atractivas suelen ser percibidas como más exitosas, felices e inteligentes. También hay pruebas de que las personas imitan el lenguaje corporal de los demás cuando se conocen por primera vez, lo que crea una relación entre ellos. Las primeras impresiones no siempre son exactas, pero puede ser difícil cambiarlas una vez que se han formado. Por eso hay que ser consciente de la impresión que causamos a los demás e intentar dar lo mejor de nosotros mismos cuando conocemos a gente nueva.

¿Por qué es tan importante la primera impresión?

Se dice que nunca hay una segunda oportunidad para causar una primera impresión. Esto es especialmente cierto cuando se trata de entrevistas de trabajo. En un mercado laboral tan competitivo como el actual, el proceso de la entrevista es cada vez más importante, y causar una buena primera impresión suele ser la diferencia entre conseguir el trabajo o ser rechazado.

Hay varias razones por las que la primera impresión es tan importante. En primer lugar, marca el tono del resto de la entrevista. Si causa una excelente primera impresión, es más probable que el entrevistador lo vea con buenos ojos y le haga preguntas diseñadas para obtener respuestas más positivas. Por el contrario, si la primera impresión es pésima, el entrevistador puede pasarse el resto de la entrevista intentando buscar alivio. Además, las primeras impresiones suelen basarse en señales no verbales, como el lenguaje corporal y el tono de voz. Estas señales pueden ser tan importantes como lo que usted dice, y pueden dar al entrevistador una idea de su personalidad y de si encajará o no en la empresa.

Por último, recuerde que la primera impresión suele producirse incluso antes de abrir la boca. Su forma de vestir, su postura y su comportamiento en general pueden contribuir a la primera impresión que cause. Por este motivo, dedique algún tiempo a preparar su entrevista con suficiente antelación para causar la mejor impresión posible a su potencial empleador.

¿Qué es una mala primera impresión?

Una mala primera impresión puede tener efectos de largo alcance que perduran incluso después de que uno ya no esté en presencia de la otra persona. Causar una mala impresión a alguien puede ser el resultado de una serie de cosas diferentes, como habilidades de comunicación deficientes, falta de confianza o entusiasmo, o incluso simplemente la asociación subconsciente que otra persona puede tener con determinadas características físicas. A la hora de causar una impresión en los demás, sea consciente de su lenguaje corporal, su actitud y sus palabras, para que tenga éxito. Una mentalidad negativa puede manifestarse rápidamente, creando una atmósfera desfavorable y provocando el rechazo instantáneo de la otra parte. De hecho, los estudios demuestran que tomamos decisiones precipitadas sobre los demás en los primeros segundos de conocerlos. Y una vez que nos hemos formado una opinión, es difícil cambiarla. Todo esto significa que causar una buena primera impresión es esencial para tener éxito en la vida. Pero, ¿cómo evitar exactamente causar una mala impresión?

La gente juzga a los demás por su aspecto, su lenguaje corporal y su comportamiento. Si parece desaliñado, desgarbado u hostil, es probable que cause una impresión negativa. Del mismo modo, si parece nervioso o tímido, es posible que la gente no se tome la molestia de conocerlo mejor. También es fundamental que vigile lo que dice y hace, ya que los demás recordarán si les ofende con sus palabras o acciones. Por último, recuerde que las primeras impresiones suelen ser subjetivas, así que, aunque crea que ha causado una buena primera impresión, siempre existe la posibilidad de que la otra persona no piense lo mismo.

¿Cómo causar una buena primera impresión?

1. Llegar a tiempo

Cualquiera que haya tenido una primera cita conoce la importancia de causar una buena primera impresión. Y aunque hay muchas maneras de hacerlo, la primera de la lista y la más fácil es simplemente ser puntual. ¿Por qué? Bueno, resulta que hay algo de psicología detrás de ello.

Cuando conocemos a alguien nuevo, nuestro cerebro trata automáticamente de evaluarlo y determinar si es de fiar. Parte de este proceso consiste en buscar pistas que nos indiquen si la persona es de fiar o no. Una de las más importantes es la *puntualidad*. Al fin y al cabo, si alguien no es capaz de llegar a tiempo ni siquiera a una primera cita, ¿qué tan fiable puede ser en otros aspectos de su vida? Llegar tarde transmite el mensaje de que no respeta el tiempo de los demás, lo cual le hace parecer egoísta y poco fiable.

Por el contrario, ser puntual (o incluso llegar pronto) demuestra que está dispuesto a hacer todo lo posible para que las cosas vayan bien y que valora el tiempo de los demás tanto como el suyo. Así que, si quiere causar una buena primera impresión, llegue a tiempo (o incluso un poco antes). Transmitirá el mensaje adecuado y ayudará a que su cita se sienta cómoda.

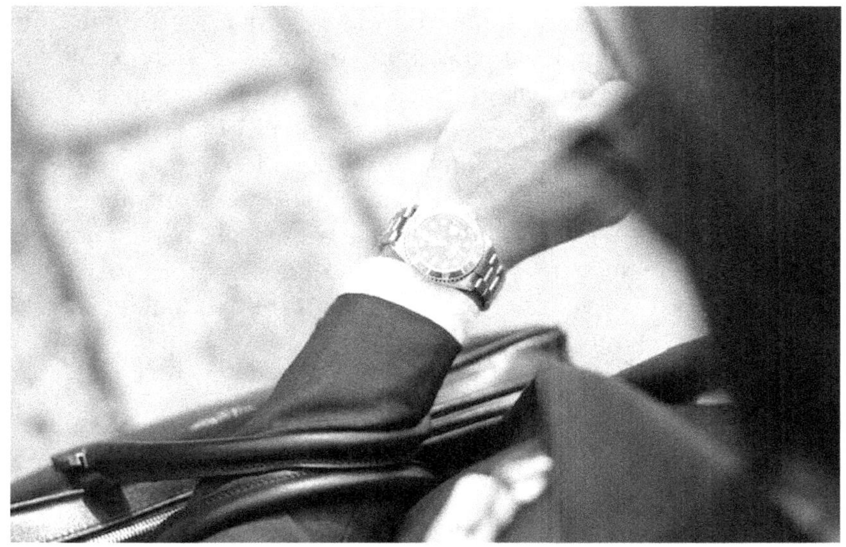

La puntualidad deja una buena impresión en los demás
https://unsplash.com/photos/otjiUhq5Zcw

2. Establecer un buen contacto visual

Cuando se conoce a alguien por primera vez, parte de la opinión que se puede tener de esa persona es el contacto visual que se establece. El contacto visual transmite confianza e interés y ayuda a establecer una conexión con la otra persona. Cuando conozca a alguien nuevo, tómese un momento para mirarle a los ojos y dedicarle una sonrisa sincera. Esto transmite el mensaje de que tiene confianza en sí mismo y está interesado en conocerle mejor. También puede tenderle la mano para estrechársela, que es otra forma no verbal de mostrar su entusiasmo. También envía un mensaje no verbal de que está prestando atención y participando en la conversación. Además, el contacto visual puede ayudar a que la otra persona se sienta cómoda hablando con usted. Así que, si quiere causar una primera impresión excelente, no pierda de vista el objetivo. Establecer contacto visual es una de las formas más fáciles y eficaces de causar una excelente primera impresión.

3. Tenga una sonrisa ganadora (¡pero no falsa!)

Todo el mundo es consciente de la importancia de la primera impresión. Cuando conoce a alguien nuevo, quiere dar lo mejor de usted mismo. Una de las formas más sencillas de hacerlo es sonreír. Sonreír es una potente señal no verbal que transmite mucha información. En primer lugar, transmite amabilidad y accesibilidad. La sonrisa es una de las formas universales de comunicación no verbal y transmite una serie de emociones, desde felicidad y diversión hasta amor e interés. También es una herramienta increíblemente poderosa para causar una primera impresión. Cuando sonríe a alguien, es más probable que le devuelva la sonrisa, lo que a su vez le hará sentirse bien. Y cuando la gente se siente bien a su alrededor, es más probable que asocie con usted rasgos positivos, como el ser amable, digno de confianza y competente.

Esto le hace parecer alguien con quien es fácil hablar y con quien sería agradable pasar el tiempo. Sonreír también puede hacerle parecer más competente y digno de confianza. En otras palabras, cuando sonríe, se vuelve más simpático y parece alguien que merece la pena.

¿Por qué tiene la sonrisa un efecto tan poderoso? En parte tiene que ver con la biología. Cuando vemos a alguien sonreír, nuestro cerebro libera dopamina, que nos hace sentir felices. Cuando sonreímos, se activan los músculos faciales responsables de producir emociones positivas. En otras palabras, cuando sonreímos, acabamos sintiéndonos más felices y positivos en general. Así que la próxima vez que conozca a alguien nuevo, recuerde darle la vuelta a ese ceño fruncido y ofrecerle su mejor sonrisa. Si quiere causar una buena primera impresión, no olvide sonreír. Puede parecer poca cosa, pero puede ayudar mucho a que los demás lo vean de forma positiva.

4. Utilice un lenguaje corporal positivo

Cuando conoce a alguien por primera vez, ¿en qué se fija? Lo más probable es que primero se fije en su lenguaje corporal. Los estudios han demostrado que juzgamos a los demás por su lenguaje corporal en los primeros segundos de conocerlos. Esto significa que causar una buena primera impresión es esencial para entablar relaciones positivas con los demás. ¿Qué puede hacer para dar la mejor impresión? Una de las claves es utilizar un lenguaje corporal positivo. Esto incluye mantener el contacto visual, sonreír y tener una postura abierta. El lenguaje corporal negativo, sin embargo, incluye cosas como cruzar los brazos, mirar hacia abajo y evitar el contacto visual.

El lenguaje corporal positivo indica a la otra persona que está interesado en ella y en lo que tiene que decir. También le hace parecer más seguro y accesible. En cambio, el lenguaje corporal negativo puede hacerle parecer desinteresado, poco seguro e incluso hostil. Puede parecer un consejo sencillo, pero estos pequeños gestos pueden ayudar mucho a causar una buena impresión. Cuando sonreímos, por ejemplo, se produce una liberación de endorfinas en el cerebro que nos hace sentir felices y más atractivos para los demás.

Del mismo modo, mantener el contacto visual indica que estamos interesados en la otra persona y hace que se sienta valorada. Por último, una postura abierta indica que somos accesibles y dignos de confianza. En resumen, utilizando un lenguaje corporal positivo, creamos una relación instantánea con los demás y preparamos el terreno para una relación duradera.

5. Ser empático

La empatía es la capacidad de comprender y compartir los sentimientos de otra persona. Se trata de ser capaz de ver las cosas desde su perspectiva y comprender profundamente sus emociones. Cuando empatiza con alguien, no sólo escucha lo que dice, sino que también intenta sentir lo que siente. Esta puede ser una forma poderosa de conectar con alguien y establecer una buena relación.

Una de las formas más sencillas de mostrar empatía es simplemente reflexionar sobre lo que dice la otra persona. Así sabrá que lo está escuchando y comprendiendo. También puede hacer preguntas para saber más sobre sus experiencias y cómo se siente. Por ejemplo, puede decir: «Suena muy duro. ¿Cómo lo llevas?». La escucha activa, o prestar toda la atención a lo que alguien dice sin interrupciones, es otra forma de mostrar empatía. Esto implica establecer contacto visual, mantener una postura corporal abierta y asentir o afirmar periódicamente.

Dedicar tiempo a mostrar empatía con los demás transmite el mensaje de que se preocupa por ellos y lo interesa escuchar lo que tienen que decir. Es una forma estupenda de entablar relaciones y crear una impresión positiva.

6. Vístase para la ocasión

Tanto si se trata de una primera cita como de una entrevista de trabajo o una fiesta, es fundamental causar una buena primera impresión. Y una de las formas más sencillas es vestirse para la ocasión. Por ejemplo, si ha quedado con alguien para tomar un café, probablemente no necesite llevar un traje de tres piezas. Pero vestir de forma profesional es una buena idea si va a una entrevista de trabajo. Llevar la ropa adecuada transmite el mensaje de que se toma en serio la situación y respeta a la persona o personas con las que ha quedado. También puede aumentar su confianza, que es un factor importante para causar una buena impresión. Así que la próxima vez que tenga una reunión o un acto, piense en lo que se va a poner. Vestirse para la ocasión es una forma sencilla pero eficaz de dar lo mejor de usted mismo. Vestirse para la ocasión puede ayudar mucho a causar una buena primera impresión.

7. Sea usted mismo

Ser auténtico significa ser honesto sobre quién es y en qué cree. Significa ser genuino en sus interacciones y mantenerse fiel a sus valores y principios. La gente se da cuenta cuando es falso o intenta fingir, y eso se percibe como falta de sinceridad. En cambio, cuando es auténtico, la gente se da cuenta de que lo es, y eso es mucho más atractivo. Cuando es honesto, la gente puede ver su verdadero yo, lo que puede ayudar a crear confianza y compenetración. La autenticidad también es esencial para construir relaciones duraderas. Después de todo, ¿cómo puede conectar de verdad con alguien si no es sincero sobre quién es? Así que la próxima vez que se encuentre en una situación en la que quiera causar una buena impresión, olvídese de fingir. Sea usted mismo y deje que el mundo vea la increíble persona que es.

8. Investigue

Una de las mejores formas de causar una primera impresión duradera es investigar para la ocasión. Esto demuestra que se toma su tiempo para conocer a la otra persona y que está interesado en causar una buena impresión. Por ejemplo, supongamos que ha quedado con alguien para una reunión de negocios. En ese caso, debería investigar sobre su empresa y el sector en el que trabaja. Así tendrá algo de qué hablar y demostrará que está preparado. Cuando quede con alguien para una reunión social, investigue sus intereses para encontrar puntos en común. Así la conversación será más fluida y la otra persona se sentirá más cómoda. Dedicar tiempo a investigar demuestra que le importa causar una buena impresión y que está dispuesto a esforzarse para conseguirlo.

9. Deje el teléfono a un lado

En los tiempos que corren, cada vez es más frecuente que las personas dependan de sus teléfonos para casi todo. Desde direcciones hasta consultar la hora, nuestros teléfonos se han convertido en una extensión de nosotros mismos. Sin embargo, cuando conozca a alguien nuevo, debe apartar el teléfono y prestarle toda su atención. Hay varias razones para ello. En primer lugar, demuestra que está interesado en lo que la otra persona tiene que decir. En segundo lugar, puede ayudar a evitar momentos incómodos si se le cae accidentalmente el teléfono o recibe una notificación durante la conversación. Por último, transmite el mensaje de que está presente en el momento y que valora la compañía de esa persona. Así que la próxima vez que quede con alguien nuevo, acuérdese de guardar el celular y causar una buena primera impresión.

10. Escuche más de lo que habla

A la gente le encanta hablar de sí misma. Es la naturaleza humana. Por eso, si deja que sea la otra persona la que hable, no sólo será un buen oyente, sino que aprenderá más sobre ella. Lo que le gusta, lo que no le gusta, sus aficiones, etc. Y toda esta información puede ayudar a determinar si existe o no una conexión potencial. Escuchar también demuestra que respeta a la otra persona y su opinión. Demuestra que valora sus pensamientos e ideas y que le interesa escuchar lo que tiene que decir. Esto puede ayudar mucho a crear una buena relación y confianza.

11. Muéstrese abierto pero seguro

La primera impresión es importante, pero puede ser difícil de controlar. Hay que mostrarse abierto y amable, pero sin parecer desesperado o demasiado ansioso. La clave está en encontrar el equilibrio entre la confianza y la cercanía. Una forma de conseguirlo es establecer contacto visual y sonreír cuando se conoce a alguien nuevo. Esto demuestra que está interesado en conocerle, pero también transmite confianza. Otra forma de causar una buena primera impresión es mostrarse optimista. Esto no significa que tenga que estar exageradamente feliz, pero sí evitar la negatividad. Por último, recuerde que las primeras impresiones son sólo eso: primeras impresiones. No se obsesione demasiado con ellas. Relájese, sea usted mismo y causará una buena impresión.

Ahora que ya sabe qué causa una buena primera impresión... *siga estos consejos.* La próxima vez que conozca a alguien nuevo, asegúrese de sonreír, establecer contacto visual y dar un apretón de manos firme. Y no olvide mantener un aspecto pulcro y cuidado. Dar un apretón de manos, presentarse y entablar una conversación trivial. Siguiendo estos sencillos consejos, se asegurará de dar siempre lo mejor de sí mismo.

Capítulo 3: Entender y utilizar el lenguaje corporal

La mayoría de nosotros no somos conscientes de que nuestro cuerpo puede revelar mucho sobre nuestra personalidad. Observando el lenguaje corporal de una persona, a menudo se puede saber si es confiada o tímida, extrovertida o introvertida, etc. Por supuesto, hay que tener en cuenta el contexto en el que alguien muestra un comportamiento determinado. Por ejemplo, alguien que suele ser muy extrovertido puede actuar de forma diferente si se encuentra en un grupo grande de desconocidos. Sin embargo, el lenguaje corporal puede ser un indicador fiable de la personalidad de alguien.

El lenguaje corporal dice mucho sobre sus intenciones y su estado de ánimo
https://unsplash.com/photos/mSzClOH4beY

Varias señales comunes del lenguaje corporal pueden dar pistas sobre lo que siente una persona. Por ejemplo, las personas que se sienten cómodas consigo mismas y con los demás tienen una postura abierta, con los brazos y las piernas sin cruzar. También mantienen el contacto visual y sonríen con frecuencia. En cambio, alguien que se siente incómodo en situaciones sociales puede tener un lenguaje corporal cerrado, como cruzar los brazos o las piernas o evitar el contacto visual. Otra señal es el movimiento: las personas ansiosas o incómodas tienden a moverse más que las relajadas.

Por supuesto, es fundamental recordar que cada persona es única y que muchas cosas pueden afectar su lenguaje corporal. Sin embargo, si presta atención a las señales antes mencionadas, podrá hacerse una idea bastante aproximada del tipo de persona que es, ¡incluso si no dice ni una palabra!

¿Qué puede revelar nuestro lenguaje corporal?

1. Pensamientos

Cuando se trata de entender los pensamientos de alguien, las palabras son sólo una parte de la ecuación. Nuestro lenguaje corporal proporciona pistas valiosas sobre lo que realmente pensamos y puede ser difícil de controlar. Por ejemplo, si estamos interesados en alguien, puede que nos inclinemos involuntariamente o que hagamos más contacto visual del habitual. Por el contrario, si nos sentimos a la defensiva, podemos cruzar los brazos o evitar el contacto visual. Prestar atención a estas sutiles señales puede darnos una idea mucho más clara de lo que alguien está pensando, incluso cuando intenta ocultarlo. Antes de emitir juicios, es fundamental tener en cuenta las señales del lenguaje corporal y otros indicadores de fondo, porque pueden malinterpretarse con facilidad. Sin embargo, cuando se utilizan correctamente, pueden ser una poderosa herramienta para leer los pensamientos de las personas.

El lenguaje corporal es una forma de comunicación no verbal en la que la información se representa o comunica mediante actividades físicas en lugar de palabras. Estas actividades incluyen la postura corporal, el movimiento de los ojos, las expresiones faciales, el tacto, los gestos y la utilización del espacio. Tanto los animales como los seres humanos utilizan el lenguaje corporal, pero nosotros nos centraremos en cómo lo utilizan los seres humanos para expresar sus emociones. Se cree que el lenguaje corporal constituye la mayor parte de nuestra comunicación no verbal; sin embargo, a menudo se malinterpreta o no se le presta mucha atención. Un lenguaje corporal equivocado puede crear ansiedad, confusión e incluso hostilidad. También puede servir para interpretar el diálogo interior de una persona a través de pistas como expresiones faciales, posturas y gestos. Prestando atención a estos indicios, podemos entender mejor cómo se siente alguien, qué está pensando, su diálogo interior y lo que podría estar intentando comunicar. Las interpretaciones del lenguaje corporal pueden variar según la cultura y el contexto; sin embargo, algunas pistas universales suelen tener el mismo significado en todas las culturas. Por ejemplo, tocarse la cara o la nariz suele ser señal de engaño, mientras que apartar la mirada suele ser señal de *vergüenza o culpabilidad.* Al analizar el lenguaje corporal, el contexto es crucial porque algunos indicadores pueden significar varias cosas, ya que algunas señales pueden tener múltiples significados. Por ejemplo, cruzar los brazos sobre el pecho puede indicar actitud defensiva o confianza. Para interpretar con precisión el lenguaje corporal de alguien, hay que tener en cuenta la situación y todas las demás señales no verbales presentes. Prestar atención al lenguaje corporal puede ayudarnos a comprender mejor el diálogo interior entre los demás y nosotros mismos.

2. El estado emocional

El lenguaje corporal puede utilizarse para descifrar el estado emocional de una persona, así como para comunicar emociones. Por ejemplo, los brazos cruzados pueden indicar que una persona se siente a la defensiva o incómoda, mientras que una postura abierta puede señalar que está relajada y accesible. Las expresiones faciales son señales de emociones: las sonrisas y las carcajadas indican felicidad, mientras que las cejas fruncidas y las mandíbulas apretadas pueden transmitir enfado o frustración. Prestando atención a estas y otras señales, podemos entender mejor cómo se siente alguien, lo que puede ser útil en las interacciones personales y profesionales.

3. Las intenciones

La mayoría de la gente no es consciente de la importancia del lenguaje corporal. Observar el lenguaje corporal de alguien puede proporcionar pistas sobre sus intenciones. Por ejemplo, alguien que está muy cerca de usted puede estar intentando intimidarle. O, si alguien se inclina hacia delante y establece contacto visual, puede estar interesado en lo que dice. Prestar atención al lenguaje corporal puede ayudarnos a entender mejor a las personas que nos rodean e incluso a mejorar nuestra comunicación.

¿Qué es el lenguaje corporal positivo?

1. Expresiones faciales positivas

Es imposible equivocarse cuando se ve una expresión facial positiva. Las cejas están levantadas, la boca tiene las comisuras hacia arriba y los ojos suelen arrugarse en los bordes. Parece que la persona está a punto de reírse y, de hecho, los estudios han demostrado que la sonrisa genuina activa los mismos músculos de la cara que la risa. Una expresión facial positiva no es sólo un signo de felicidad, sino también de franqueza y confianza. Es una forma de decir: «Soy accesible y me interesa lo que tiene que decir».

Cuando vemos que alguien muestra una expresión facial positiva, se crea una sensación de confianza y compenetración. Nos sentimos instintivamente atraídos por las personas que son físicamente abiertas y receptivas, en contraposición a las que son cerradas y reservadas. Por eso, un lenguaje corporal positivo es fundamental a la hora de causar una primera impresión: transmite nuestra amabilidad y disposición a relacionarnos con los demás.

• Sonreír

La sonrisa es la expresión facial positiva más común y universalmente reconocida. Significa felicidad, pero también puede utilizarse para expresar alivio, diversión o incluso timidez. Una sonrisa genuina se caracteriza por un arrugamiento de los ojos, conocido como «sonrisa de Duchenne», en honor al médico francés que la describió por primera vez. Por el contrario, una «sonrisa falsa» o «sonrisa social» carece a menudo de esta arruga y puede ser detectada fácilmente por observadores entrenados.

• Asentir con la cabeza

Asentir también es una expresión facial positiva que puede significar varias cosas. Por ejemplo, asentir mientras alguien habla puede indicar que está escuchando y prestando atención. También se puede utilizar para mostrar acuerdo o aprobación, como cuando se asiente en respuesta a una pregunta. En algunos casos, asentir también puede utilizarse como señal de respeto o reconocimiento, como cuando se saluda con la cabeza a alguien que acaba de decir algo digno de mención. A pesar del contexto, asentir con la cabeza suele considerarse un gesto positivo que transmite interés, apoyo o acuerdo.

• La risa

La risa es una expresión positiva que significa alegría, placer o diversión. Cuando nos reímos, los músculos faciales se contraen y la respiración se acelera. La risa es contagiosa; a menudo se dice que uno no puede evitar sonreír cuando ve reír a otra persona. La risa también es buena para la salud: puede ayudar a reducir el estrés, mejorar el estado de ánimo e incluso reforzar el sistema inmunitario. Sólo unos minutos de risa pueden ayudar a los demás a sentirse más relajados y felices.

Las expresiones faciales positivas no se limitan a la sonrisa, sino que pueden transmitir una amplia gama de emociones, desde el orgullo y la alegría hasta la compasión y el amor. Curiosamente, muchas de estas expresiones se basan en lo que se conoce como «hipótesis de la retroalimentación facial», que postula que nuestros músculos faciales influyen en nuestro estado emocional. En otras palabras, sonriendo o frunciendo el ceño podemos influir en nuestro estado emocional. Leer e interpretar las expresiones faciales positivas y el lenguaje corporal abierto puede ser increíblemente útil en diversas situaciones sociales, desde entrevistas de trabajo hasta primeras citas. Al ser conscientes del poder de la comunicación no verbal, podemos utilizarla en nuestro beneficio en las interacciones personales y profesionales. Al enviar señales positivas a través de nuestro lenguaje corporal, aumentamos las posibilidades de que los demás nos respondan positivamente.

2. Movimientos oculares positivos

El movimiento ocular positivo es un tipo específico de lenguaje corporal que puede ser especialmente útil para transmitir confianza y franqueza. El movimiento ocular positivo implica mantener el contacto visual con la persona con la que se está hablando, así como mirar alrededor de la sala y establecer contacto visual ocasional con otras personas presentes. Este tipo de movimiento ocular transmite confianza porque demuestra que se siente cómodo estableciendo contacto visual e interactuando con los demás. También transmite apertura, porque demuestra que le interesa lo que ocurre a su alrededor. Cuando se combina con otras formas de lenguaje corporal positivo, el movimiento ocular positivo puede ser una herramienta poderosa para transmitir confianza y apertura.

Cuando vemos a alguien, solemos captar su lenguaje corporal de forma inconsciente. Desde cómo se comporta hasta cómo interactúa con los que lo rodean, nuestro cerebro capta constantemente estas sutiles señales y toma decisiones en fracciones de segundo sobre la persona. Una de las claves esenciales es el movimiento de los ojos. La mirada de una persona puede decirnos mucho sobre su estado de ánimo. Por ejemplo, las personas que se sienten culpables o tímidas suelen evitar el contacto visual. En cambio, las personas seguras de sí mismas suelen mantener la mirada.

Curiosamente, el movimiento de los ojos puede utilizarse como señal para un lenguaje corporal positivo. En concreto, cuando las personas están cerca de alguien que les resulta atractivo, tienden a mover los ojos en forma de «triángulo», empezando por los ojos, pasando luego a la nariz y finalmente a los labios. Se ha demostrado que este patrón aumenta significativamente los niveles de atracción, ¡incluso cuando los participantes no son conscientes de que lo están haciendo! Así que la próxima vez que tenga una cita o conozca a alguien nuevo, preste atención al movimiento de sus ojos. Ver que lo miran a los labios de vez en cuando puede ser una buena señal.

Por qué es importante mantener un buen contacto visual

No es ningún secreto que el contacto visual es fundamental. El contacto visual es esencial para crear una conexión, ya sea en una reunión, haciendo una presentación o simplemente charlando con un amigo. Y no se trata sólo de causar una buena impresión: el contacto visual puede hacerle parecer simpático y digno de confianza. Pero, ¿por qué?

En primer lugar, nos ayuda a concentrarnos y prestar atención. Cuando mantenemos el contacto visual con alguien, es más probable que escuchemos lo que dice y menos probable que nos distraigamos con otras cosas que suceden alrededor. El contacto visual también nos permite captar las señales no verbales, como las expresiones faciales y el lenguaje corporal, especialmente en negociaciones u otras situaciones en las que es vital leer los sentimientos y las intenciones de la otra persona.

Por último, el contacto visual demuestra que nos interesa la otra persona y lo que tiene que decir. Envía el mensaje de que la respetamos y valoramos su opinión. Así que la próxima vez que esté en una conversación, recuerde mantener la mirada en su interlocutor: marcará la diferencia en el desarrollo de la conversación.

3. Movimientos positivos de la mano

• Apretón de manos firme

Un apretón de manos firme es una de las formas de comunicación no verbal más utilizadas. Aunque es un gesto sencillo, puede comunicar mucho sobre una persona. Un apretón de manos firme transmite confianza, fiabilidad y profesionalidad. A menudo se utiliza para causar una buena primera impresión en los negocios y en entornos sociales.

La psicología que hay detrás de un apretón de manos firme es interesante. Los estudios han demostrado que las personas que dan la mano con firmeza son percibidas como más simpáticas y dignas de confianza. Esto puede deberse a que un apretón de manos firme se considera un signo de dominio y estatus social. En otras palabras, transmite confianza y autoridad. Cuando estrechamos la mano de alguien, básicamente estamos intercambiando información sobre nuestro rango social.

Un apretón de manos firme también puede hacerle parecer más competente y creíble. Una vez más, esto puede deberse a que un apretón fuerte comunica confianza y poder. Al estrechar la mano de alguien, mantenga el contacto visual y sonría. Esto le ayudará a mostrarse amable y accesible.

En resumen, un apretón de manos firme es una herramienta clave para causar una buena primera impresión. Transmite seguridad, confianza y competencia. La próxima vez que conozca a alguien nuevo, acuérdese de estrecharle la mano con firmeza.

• Palmas abiertas

Las palmas abiertas son un signo de lenguaje corporal positivo. A menudo se consideran un signo de honestidad y sinceridad. Esto se debe a que cuando abrimos las palmas, exponemos nuestras vulnerables axilas a los demás. Es un gesto no amenazador que demuestra que no tenemos nada que ocultar. Por el contrario, los puños cerrados o las manos apretadas se consideran signos de hostilidad o actitud defensiva. Comunican que estamos dispuestos a luchar o a defendernos.

La psicología subyacente es que, cuando nos sentimos bien con nosotros mismos, abrimos las palmas de las manos y las mantenemos extendidas delante de nosotros. Es una forma de mostrar nuestra confianza y de demostrar que somos accesibles. Las palmas abiertas también pueden ser una forma de mostrar sumisión o súplica. Por ejemplo, cuando juntamos las manos para rezar, estamos diciendo que no somos una amenaza y que estamos dispuestos a escuchar. En un entorno de negocios, las palmas abiertas pueden interpretarse como una oferta de apretón de manos o una indicación de que estamos dispuestos a hablar. Transmiten confianza y franqueza, lo que puede ayudar a establecer una buena relación. En última instancia, las palmas abiertas son un signo de buena voluntad e intención positiva, lo que las convierte en una señal crucial del lenguaje corporal a tener en cuenta.

- **Manos sin cruzar**

Si alguna vez ha visto a alguien con las manos juntas delante de usted, puede que se haya preguntado qué significa. ¿Está rezando? ¿Meditando? ¿Simplemente descansa las manos? De hecho, este gesto se conoce como «posición de brazos no cruzados», y se considera un signo positivo del lenguaje corporal.

Hay varias explicaciones posibles de por qué los brazos no cruzados se consideran un gesto positivo. Por un lado, indica que la persona está relajada y a gusto. No está tensa ni intenta ocultar nada, lo que puede hacer que parezca más digna de confianza. Los brazos no cruzados ocupan menos espacio que los cruzados, lo que transmite una sensación de apertura. Esto puede hacer que la persona parezca más accesible y acogedora.

¿Se ha dado cuenta de que cuando alguien se siente seguro y positivo, suele mantener las manos sin cruzar y desplegadas? Hay una razón para ello. Los expertos en lenguaje corporal creen que cruzar los brazos o las piernas es una forma de abrazarse a uno mismo, algo que la gente hace cuando se siente insegura o amenazada. En cambio, mantener las manos abiertas es señal de que está abierto a lo que los demás tienen que decir y de que se siente cómodo en su propia piel. Así que la próxima vez que esté en una reunión o entrevista de trabajo, asegúrese de mantener las manos abiertas para enviar el mensaje correcto.

Acciones corporales positivas

1. Mantener una buena postura

Una buena postura es algo más que buenos modales. Cuando se mantiene erguido con los hombros hacia atrás, en realidad está transmitiendo un mensaje de confianza y poder. La mayoría de nosotros hemos oído que una postura erguida y abierta es un signo de confianza y, de hecho, las investigaciones han demostrado que las personas con una buena postura son vistas como más seguras y competentes que las que se encorvan. Por el contrario, encorvarse envía una señal de inseguridad y derrota. Curiosamente, la investigación ha demostrado que incluso la confianza falsa puede conducir al éxito real. Pero, ¿a qué se debe esto? Resulta que nuestro lenguaje corporal está estrechamente ligado a nuestro estado psicológico. Cuando nos sentimos bien con nosotros mismos, tendemos a erguirnos y abrir el pecho, mientras que cuando nos sentimos deprimidos o derrotados, tendemos a encorvar los hombros y cerrar el cuerpo. Este vínculo entre el lenguaje corporal y el estado interior es tan fuerte que también funciona a la inversa: ponernos erguidos puede hacernos sentir más seguros de nosotros mismos, aunque no sea así necesariamente al principio.

Pero no se trata sólo de tener buen aspecto. Mantener una postura erguida tiene muchos beneficios físicos. Ayuda a mantener la columna vertebral alineada, lo que previene el dolor y mejora la movilidad general. Además, una buena postura ayuda a respirar más fácil y profundamente, aumentando sus niveles de energía y concentración. En resumen, hay pocos problemas que no puedan solucionarse simplemente manteniéndose erguido. Así que, la próxima vez que se encuentre encorvado, tómese un momento para corregir su postura. No sólo se verá más seguro, sino que también le estará haciendo un favor a su cuerpo.

2. Inclinarse al hablar o escuchar

Una buena comunicación es esencial para el éxito de cualquier relación, ya sea profesional o personal. Uno de los elementos críticos de la comunicación eficaz es el lenguaje corporal. La forma en que nos comportamos e interactuamos con los demás puede decir mucho sobre lo que pensamos y sentimos, aunque no digamos nada. Una forma habitual de lenguaje corporal es inclinarse. Cuando vemos a alguien inclinarse hacia nosotros mientras nos escucha, generalmente da la impresión de que esa persona está interesada en lo que tenemos que decir. Se pone a nuestra disposición y nos transmite el mensaje de que quiere escuchar. Es una forma no verbal de decir «te escucho», y ayuda a crear una buena relación entre interlocutor y oyente. Por el contrario, inclinarse hacia otro lado puede indicar desinterés o impaciencia.

Algunos estudios sugieren que inclinarse al hablar puede hacer que la conversación resulte más agradable para ambas partes. Cuando nos inclinamos para hablar, indicamos a la otra persona que estamos comprometidos e implicados en la conversación. Esto puede hacer que se sientan más cómodos y conducir a una interacción más positiva en general. Nuestro lenguaje corporal puede enviar muchas señales diferentes, pero inclinarse es sin duda una de las más positivas. Demuestra interés, compromiso y respeto por la otra persona y puede ayudar a que cualquier conversación sea más agradable, así que si quiere demostrar que le interesa lo que alguien está diciendo, inclínese y establezca contacto visual. Puede que esto marque la diferencia.

Capítulo 4: Cómo ganar confianza y hacerse respetar

La confianza no es una habilidad; es una forma de pensar que evoluciona. El pensamiento positivo, la práctica regular, el entrenamiento formal, el aumento de los conocimientos y la interacción social pueden ayudarle a aumentar su confianza.

Ganar confianza en uno mismo es el primer paso hacia el éxito social
https://unsplash.com/photos/hQP5mWcM84c

Sentirse bien con usted mismo, valorar sus capacidades físicas y mentales y tener fe en sus conocimientos y experiencia son ingredientes necesarios para una dosis saludable de confianza. La mayoría de la gente quiere sentirse más segura de sí misma, y es posible conseguirlo.

Este capítulo trata sobre cómo ganar y aumentar la confianza y apreciar el valor de los demás.

¿Qué es la confianza en uno mismo?

Aunque muchas personas tienen definiciones diferentes de la confianza en uno mismo, en esencia significa creer en uno. Su nivel de confianza está influido por lo que ha pasado y por cómo ha aprendido a afrontar la adversidad. La autoestima fluctúa con el tiempo.

El nivel de confianza en uno mismo de una persona suele reflejar los valores y las lecciones que ha aprendido a lo largo de su vida.

La forma en que nos enseñan a ver y a actuar conforma nuestros supuestos básicos sobre quiénes somos y cómo debemos tratar a los demás. También influyen en ello los factores ambientales que hemos experimentado, ya sea una infancia abusiva o una crianza feliz y equilibrada. La confianza en nuestra capacidad para asumir nuestras responsabilidades y afrontar situaciones difíciles varía de una persona a otra.

Baja confianza

La aprensión ante el futuro, los comentarios negativos, la insatisfacción con la propia apariencia, la incapacidad para planificar o adquirir las habilidades necesarias y la incapacidad para aprender de los errores pueden conducir a falta de confianza.

La falta de confianza en uno suele deberse a la preocupación por lo que los demás piensen de uno. Este tipo de pensamiento puede impedirle hacer cosas beneficiosas para usted por miedo a sentirse incómodo o avergonzado.

Exceso de confianza

Una dosis malsana de confianza puede llevar a la falsa creencia de que se puede alcanzar cualquier meta, aunque el individuo carezca de la competencia necesaria. En estas circunstancias, la confianza equivocada suele ser contraproducente.

Una sensación exagerada de seguridad en uno mismo aumenta la probabilidad de que los demás lo perciban como engreído o arrogante. Es más probable que la gente se alegre de su caída si lo ven arrogante e insufrible.

Usted no quiere esto; quiere demostrar una cantidad saludable de confianza que le permita ganar el respeto de los demás.

¿Es necesaria la confianza para gozar de buena salud?

Cuando tenga una imagen positiva de usted mismo, lo notará en las decisiones que toma. Aumentan posibilidades de mejorar aspectos de su estilo de vida como el autocuidado, el compromiso social, la actividad física y la dieta.

El positivismo y una visión optimista de la vida también benefician su salud mental y emocional y se derivan de la seguridad personal. Si le falta confianza, su sentido de la autoestima y la dignidad pueden verse afectados.

Cuando falta confianza, tomar decisiones y enfrentar los problemas puede resultar difícil. Puede empezar a dudar de sus capacidades. Conocer gente nueva y participar en nuevas actividades puede resultar muy difícil.

Puede retraerse y evitar situaciones sociales por miedo a ofender a los demás. Todo esto podría desembocar en una espiral negativa, ya que empezará a evitar situaciones que lo hacen sentir incómodo, erosionando aún más su confianza.

El respeto y su significado

El respeto es uno de los pilares fundamentales del éxito de las relaciones interpersonales y de la conciencia de uno mismo. El respeto es una necesidad básica universal. Desempeña un papel importante en la formación de lo que somos como individuos y en el fortalecimiento de nuestros vínculos con los demás.

Tolerar a otro individuo es un intento de evitar tratarlo de forma grosera. Es un concepto que sugiere que debemos respetar las palabras y acciones de otra persona, aunque no siempre estemos de acuerdo con ellas. Cuando se respeta a alguien, no se lo juzga por sus ideas, acciones o creencias.

¿Por qué es importante mostrar respeto?

Si no nos valoramos a nosotros mismos, nadie más lo hará. Es fundamental contar con un espacio seguro en el que las personas puedan expresarse sin miedo a ser juzgadas.

Si se respeta a usted mismo y a los demás, inevitablemente se notará en sus interacciones con el otro y con el resto del mundo. Con el tiempo, sus interacciones con los demás serán cada vez más respetuosas y armoniosas.

Respetarse a usted mismo y a los demás permite establecer relaciones más profundas. Un comportamiento respetuoso mejorará su capacidad para establecer y mantener relaciones significativas con otras personas, independientemente del entorno.

Al cuidar, valorar y apreciar a los demás, uno se siente más seguro, más feliz y más próspero.

Ejemplos de comportamiento respetuoso

A continuación, se exponen algunos ejemplos ilustrativos del respeto:

Escuchar

Todo el mundo necesita atención y reconocimiento. Escuchar lo que alguien tiene que decir es una forma básica de cortesía. Ni siquiera debería plantearse si tienen algo valioso que aportar o no. Cuando dedica tiempo a otra persona, demuestra que la respeta.

Apoyar

Dar su apoyo a alguien demuestra que cree en él y en su capacidad para marcar la diferencia. Puede hacer que los demás se sientan importantes y dignos de respeto. Compartir una insignia virtual de apoyo puede ser una forma sencilla de mostrar su admiración por alguien. Simplemente observando y expresando algo positivo sobre alguien mostrará su apoyo.

Practicar la amabilidad

La amabilidad es distinta del servicio. La compasión no requiere que alguien la «merezca», pero es difícil sentir compasión si no se cree que la gente la merece. Cuando muestra amabilidad hacia los demás, demuestra altruismo y generosidad. La amabilidad es fundamentalmente un signo de respeto; ser respetuoso y ayudar a los necesitados son cosas que van juntas.

Ser cortés

Tratar a alguien con cortesía es una de las formas más sencillas de ganarse el respeto. Un comportamiento agradable puede hacer que la gente se sienta valorada y feliz. Para conservar el respeto que tanto le ha costado ganar, debe ser cortés con usted mismo y con los demás.

Importancia de la confianza en las interacciones sociales

Tener confianza en uno mismo también tiene numerosos beneficios para las relaciones sociales. Considere los siguientes beneficios de la confianza:

Será libre de ser usted mismo

Ser usted mismo entre un grupo de personas será mucho más fácil si tiene una buena dosis de confianza y respeto personal. La gente suele darse cuenta si es sincero. Cuando se siente lo suficientemente seguro como para expresar su verdadero yo, aumentan las probabilidades de mantener una conversación significativa con otra persona.

Capacidad de expresión

Si tiene sana autoestima, es más probable que defienda aquello en lo que cree y que persevere ante la adversidad. Esta fortaleza lo ayuda a mantener su integridad y autenticidad incluso cuando se enfrenta a un adversario. Cuando tenga confianza en usted mismo, se librará de la ansiedad que provoca la duda.

Siéntase orgulloso de sí mismo y de sus habilidades

Una sólida confianza en uno mismo también permite apreciar en mayor medida quién es y de qué es capaz. Al igual que la ventaja anterior, esto se traducirá en relaciones más sólidas con los demás y una mejor perspectiva de la vida. Además, facilitará relaciones sociales más agradables y productivas.

Mejora del rendimiento

La confianza en uno mismo aumenta el rendimiento. En lugar de perder tiempo y recursos preocupándose por su insuficiencia, podrá centrar sus esfuerzos.

Mejores relaciones

La seguridad en uno mismo influye en su visión de la vida y en su capacidad para comprender y apreciar a quienes lo rodean. Refuerza su decisión de abandonar a una pareja que no cumple sus expectativas.

Disposición a probar cosas nuevas

Cuando cree en usted mismo, está más abierto a nuevas experiencias. Asumir riesgos, como solicitar un nuevo trabajo o matricularse en una clase de cocina, resulta mucho más fácil cuando se tiene confianza en uno mismo.

Técnicas para aumentar la confianza y la posición social

El desarrollo de la confianza en uno mismo tiene dos partes. Si bien es importante trabajar para mejorar el sentimiento interno de seguridad en uno mismo, también es necesario pensar en cómo proyectar un sentimiento externo de seguridad y ganarse la admiración de los demás. La siguiente lista contiene varias estrategias posibles para lograrlo.

Relaciónese con personas optimistas

Piense por un momento en el impacto emocional que tienen en usted sus amigos. ¿Lo hacen sentir bien o mal? ¿Se siente constantemente juzgado o finalmente aceptado?

Sus amigos pueden influir en su autoestima más de lo que cree. Por eso, debe ser consciente de los sentimientos de quienes le rodean. Si estar cerca de alguien lo hace sentir mal con usted mismo, no tenga miedo de cortar lazos con esa persona.

Mejor rodéese de personas que se preocupen de verdad por su éxito. Rodearse de gente positiva y que lo apoye puede aumentar su confianza, su bienestar general y su perspectiva. La seguridad en uno mismo y una actitud positiva van de la mano.

Cuide mejor su cuerpo

Una forma de aumentar su autoestima es dejar de dañar su cuerpo, que sólo hace que se sienta mal con usted mismo. Por mucho que sea una palabra de moda hoy en día, el autocuidado es un factor fundamental para equilibrar su salud en general. Al cuidarse, mejora su salud emocional, mental y física, lo que a su vez aumenta su autoestima.

Puede aumentar su confianza practicando las siguientes rutinas de autocuidado:

Dieta

Una dieta sana tiene varias ventajas, entre ellas el aumento de la autoestima y la confianza en uno mismo. Consumir alimentos ricos en nutrientes mejora su salud, su fuerza y sus niveles de energía, todo lo cual puede aumentar su autoestima.

Hacer ejercicio

La autoestima aumenta a medida que mejora la imagen corporal. La actividad física es una forma fácil de aumentar la autoestima; cuanto más haga, mejor se sentirá.

Meditación

La meditación es una forma agradable de relajarse y tiene varias ventajas para la autoestima. El tiempo de tranquilidad puede servir para la introspección, de modo que se reconozca y acepte a usted mismo. La meditación también puede ayudarlo a aprender a silenciar la voz disidente de su cabeza y a desentenderse de la corriente de pensamientos sin sentido que pueden mermar su confianza.

Dormir

La falta de sueño tendrá un impacto negativo en su estado de ánimo. Por el contrario, un sueño adecuado se asocia con rasgos más optimistas, como el entusiasmo y la felicidad. El autocuidado es fundamental para la autoestima.

Afronte sus miedos

No posponga las citas o la búsqueda de trabajo porque se siente inseguro. Afrontar y superar sus miedos puede ayudarle a sentirse más seguro en estas situaciones.

Reconozca y nombre algunos de los miedos que le han impedido alcanzar todo su potencial. Aunque tenga miedo de humillarse o de cometer un error, debería intentarlo de todos modos. Tener dudas puede jugar a su favor e incluso ayudarle a rendir mejor. Convénzase de que es sólo una prueba y observe los resultados.

Quizá se dé cuenta de que sus temores eran infundados o de que cometer algunos errores no implican el fin del mundo, y la guinda es que su autoestima crecerá a medida que avance. En última instancia, el miedo podría impedirle tomar decisiones con consecuencias de largo alcance, posiblemente catastróficas.

Haga lo que mejor se le da

¿Qué ocurre cuando se concentra en sus fortalezas? Su autoestima empieza a subir. Cuando se concentra en sus fortalezas, éstos se vuelven aún más poderosos y su confianza aumenta. Un beneficio secundario de poner en práctica esta estrategia es el aumento de la satisfacción vital.

Existe un vínculo entre la autoeficacia (la creencia de que puede mejorar a partir de sus fortalezas) y la felicidad. Para reforzar este vínculo, empiece por reconocer sus fortalezas.

Si es hábil en el deporte que ha elegido, convierta en una prioridad jugar o practicarlo una o dos veces por semana. Céntrese en hacer esas cosas que se le dan bien más a menudo en el trabajo. Desarrollar sus habilidades le ayudará a ganar confianza en usted mismo.

Domine el arte de decir que no

La confianza puede aumentar participando en actividades en las que destaca, pero también es necesario ser consciente de las situaciones que la aminoran. Tal vez se haya dado cuenta de que una afición determinada siempre lo hace sentir mal con usted mismo.

Tiene derecho a rechazar una invitación o a participar en actividades que puedan mermar su autoestima. Sin embargo, debe ser consciente de que experimentar dolor es una parte normal del aprendizaje de nuevas habilidades y de la ampliación de sus horizontes; por lo tanto, no evite por completo las actividades que tengan este efecto. Aunque sobrepasar sus límites es beneficioso, comprenderlos es esencial, así que esfuércese por encontrar un término medio.

Establecer límites saludables para sus relaciones emocionales y sociales aumentará su sensación de seguridad mental. También le dará una sensación de control. Tener el control de su vida es un componente clave de la autoconfianza. Los límites contribuyen a esta sensación de control.

Si alguien lo sugiere algo que le incomoda, decline educadamente. Del mismo modo, no tiene por qué evitarlo por completo. Después de averiguar cómo mejorar su seguridad, se sentirá preparado para intentarlo de nuevo.

Establezca objetivos alcanzables

Cuando uno persigue sus objetivos, parte esencial de alcanzarlos es saber que probablemente fracasará varias veces antes de descubrir una estrategia que funcione. Esto puede hacerle dudar de sus propias capacidades. Cuando esto ocurre, puede que se pregunte cómo aumentar su confianza sin poner en peligro sus objetivos. La respuesta es fijarse objetivos realistas y trabajar para alcanzarlos en pequeños pasos.

Establecer objetivos elevados y no alcanzarlos reducirá su confianza. Por el contrario, los objetivos realistas son alcanzables. Cuanto más éxito tenga, más confianza tendrá en sus propias capacidades y en su importancia, y mayores podrán ser sus objetivos.

Poner sus objetivos por escrito es una forma estupenda de asegurarse de que no se pierdan o se olviden. Después, evalúe sus posibilidades de éxito. El objetivo puede ser demasiado elevado si las posibilidades de éxito son escasas. Redúzcalo para hacerlo más factible y viable.

Adopte la autocompasión

Una forma de practicar la autocompasión es ser amable con uno mismo cuando se cometen errores o no se alcanzan los objetivos. Podrá conectar con usted mismo y con los demás más profundamente a medida que aprenda a ser flexible con sus emociones y a enfrentarse a las difíciles.

Existe un vínculo entre la autocompasión y la seguridad en uno mismo. Saber que el fracaso o los defectos son normales y esperables hace que enfrentarse a la adversidad sea más fácil la próxima vez que ocurra. Intente tratarse con compasión mientras atraviesa la dificultad.

Utilice una autoconversación sana

Cuando se dice a usted mismo «no puedo soportarlo», «es demasiado difícil» o «ni siquiera debería intentarlo», le está diciendo a su mente que no puede hacerlo y que sus capacidades son inadecuadas. Hablarse a usted mismo en positivo puede ayudar a entenderse mejor, aumentar su confianza y permitirse emprender tareas de mayor envergadura.

Cuando empiece a sentir que no pertenece a una reunión, recuerde que las ideas negativas no siempre son correctas. El siguiente paso es aprender a sustituir las ideas negativas por alternativas constructivas.

Tenga en cuenta las siguientes sugerencias para aumentar su autoestima combatiendo las ideas negativas:

«No soy lo bastante fuerte» o «No puedo lograrlo» será «No pierdo nada por intentarlo» o «Tengo todo que ganar si lo consigo».

La autoconversación negativa de «No puedo hacerlo bien» se sustituirá por una autoconversación positiva como «Lo haré mejor» o «He aprendido algo».

Desarrolle su asertividad

Cuando es asertivo, valora y defiende las necesidades y perspectivas de los demás, a la vez que adquiere lo mismo para usted mismo.

Una técnica consiste en observar a las personas agresivas e imitar sus acciones hasta cierto punto.

Sin embargo, no hay que pretender ser otra persona. Se trata de tomar ejemplo de las personas que admira y dejar que brille su auténtico yo.

50 formas sencillas de ganar respeto sin perder la confianza en uno mismo

Todo el mundo quiere ser respetado, ya sea por un superior, un compañero o un ser querido. Sin embargo, ganarse ese respeto requiere trabajo. Primero debe aprender a respetar a los demás antes de esperar que confíen en usted.

He aquí una lista completa de métodos sencillos pero eficaces para ganarse el respeto:

1. Ser más de dar que de recibir El respeto hay que darlo antes de recibirlo.
2. Respetarse a sí mismo: El verdadero respeto empieza desde adentro.
3. Demuestre respeto: Respete lo que lo rodea.
4. Mantenga su integridad: La honestidad es la base sobre la que se construye el respeto.
5. Mantenga su palabra: Sólo se respeta a quien cumple sus promesas.
6. Añada valor: Su reputación mejorará a medida que se preocupe más por el bienestar de los demás.
7. Resista el impulso de revelar todo lo que se lo pasa por la cabeza: Nadie necesita saber lo que piensa. Para ganarse el respeto, mantenga las cosas sencillas.
8. Tenga en cuenta los sentimientos de los demás: Son tan importantes como los propios.
9. Cíñase a los hechos: Explique con la verdad.
10. Preste atención a las cosas que de verdad importan: Dedique su tiempo y energía a las cosas importantes.
11. Salga de su zona de confort: La gente admira a quienes se arriesgan y buscan nuevos retos.
12. Deje a un lado sus juicios: Espere ser criticado, pero no juzgue a los demás.

13. Ponga en práctica sus ideales: No se limite a hablar de sus valores; póngalos en práctica.

14. Sea auténtico: No tema asumir riesgos, hacer las cosas a su manera en la vida y ser fiel a usted mismo.

15. Exprese gratitud: Las personas más admiradas expresan su gratitud con claridad y positividad.

16. Sea sincero sin dejar de ser diplomático: Es mejor ser sincero que impresionar.

17. Mantenga una actitud positiva: La gente valora el optimismo.

18. Haga todo lo posible por influir en los asuntos importantes: Quienes reconocen qué luchas merecen la pena, son admirados.

19. Sea inquisitivo: Haga preguntas abiertas y preste atención.

20. Haga un esfuerzo adicional: Lleve a otros con usted. Supere todas las expectativas.

21. Crear conexiones: Asóciese con individuos que compartan sus valores.

22. Comprenda sus prioridades: Determine los aspectos más importantes de su vida para poder priorizarlos.

23. Aproveche su simpatía: Independientemente de su cargo, puede seguir trabajando para desarrollar relaciones significativas con sus compañeros.

24. Debe tener una memoria excelente: Indagar sobre los acontecimientos importantes de la vida de una persona puede suscitar fuertes reacciones positivas.

25. Abdique de la responsabilidad cuando sea apropiado: Si permite que los demás demuestren su poder y los admira por ello, le devolverán el favor y lo respetarán más.

26. Sea motivador: Las personas que inspiran a los demás hacia la grandeza suelen ser las más respetadas.

27. Sea siempre puntual: Demuestre consideración por los demás.

28. Piense en el futuro: Tenga en cuenta a los demás e intente averiguar cómo puede ayudarles a obtener respuestas o hacer cambios que les beneficien.

29. Exprésese: El respeto se gana teniendo opiniones firmes y muchas ideas. Eso sí, no se dé demasiada importancia.

30. Prepárese: Saber qué esperar de cada compromiso, reunión o discusión demuestra respeto.

31. No tema preguntar cómo puede ayudar. No evite a las personas que sufren. Aunque rechacen su oferta, dejará una impresión duradera.

32. Confíe en sí mismo: Confíe en sus capacidades sin ser arrogante, y siéntase orgulloso de lo que ha conseguido sin tratar de ocultarlo.

33. Respete la dignidad de los demás: Este enfoque fundamental tiene un valor incalculable.

34. Pida disculpas: Si comete un error, simplemente discúlpese.

35. Confíe en sus instintos: Es fundamental reconocer cuando algo le parece mal.

36. No se agobie por detalles triviales: De nuevo, se trata de detalles sin importancia.

37. Entienda cómo decir no: El respeto crece cuando uno puede decir «no» con confianza y explicar por qué.

38. Siga un código moral: Determine sus valores y demuéstrelos al resto del mundo a través de pequeños actos de amabilidad y honestidad.

39. Nunca deje de cumplir un plazo: La mejor manera de mostrar respeto es completar las tareas de manera eficiente y a tiempo.

40. Reconozca la valía de las personas difíciles de valorar: Respetar el comportamiento de alguien no siempre es necesario, pero respetar a la persona sí.

41. Escuchar distintos puntos de vista: Escuche atentamente a los demás y valore los diferentes puntos de vista.

42. Estar dispuesto a hacer concesiones: Colabore con los demás para encontrar una solución que guste a todos.

43. No debe besar y contar: A menudo son las palabras que no dice las que más importan.

44. Elija bien sus batallas: Hay momentos en los que debe comprometer sus valores para mantener la armonía.

45. Elija el camino alto: Póngase objetivos diarios desafiantes pero alcanzables, y esfuércese por cumplirlos.

46. Escuche con atención: Escuche atentamente, demuestra interés.

47. Nunca malgaste el tiempo de nadie: Reconozca la importancia del tiempo libre de las personas.

48. Acepte la responsabilidad: Asuma toda la responsabilidad de todo lo que haga, tanto personal como profesionalmente.

49. Use buena ropa: La gente se forma impresiones en cuestión de segundos.

50. Entienda sus desencadenantes: Sea consciente de lo que desencadena sus emociones y evite dejarse llevar.

El primer paso para vivir una vida con sentido es desarrollar la confianza y la seguridad en uno mismo necesarias para relacionarse con los demás de forma eficaz, junto con las habilidades necesarias para establecer relaciones significativas.

Capítulo 5: Aumente su carisma y empiece a atraer miradas

El carisma es un rasgo de la personalidad que mucha gente cree que es innato. Sin embargo, algunas personas nacen con él, mientras que otras no. Los investigadores han confirmado que el carisma, como cualquier otro rasgo de la personalidad, puede ser aprendido y desarrollado por cualquier persona que lo desee. Algunas personas son más carismáticas que otras porque tienen más intención de desarrollar su carisma. Han demostrado constancia a lo largo del tiempo hasta el punto de que se ha convertido en parte de ellas. Dado que se puede cultivar el carisma, piense en cómo podría hacerlo usted.

Las personas carismáticas saben cómo llamar la atención
https://unsplash.com/photos/RNiBLx7aHck

Sin embargo, antes de llegar ahí, considere las siguientes razones para aumentar su carisma:

Importancia de aumentar su carisma

Las siguientes son algunas ventajas de tener y desarrollar carisma.

Gustará a más gente

Atraerá a más personas que lo apoyarán y animarán a diario. Aumentar su carisma hace que le guste más a la gente. La gente nota su confianza en lo que hace, su entusiasmo y valentía en el trato, y quiere asociarse con usted. Todo esto es posible porque ha trabajado en el desarrollo de su carisma hasta el punto en que es perceptible.

Puede conseguir apoyo fácilmente

Si tiene un buen carisma, no tendrá que escatimar en sus relaciones interpersonales. Puede presentarse con autenticidad y persuadir a la gente para que lo apoye con sus palabras, acciones y lenguaje corporal.

La gente se comprometerá con su causa

El carisma beneficia sus relaciones interpersonales porque podrá mantener sus relaciones con la gente durante más tiempo. Las personas que observan su carisma confían en su personalidad y en la comprensión de su singularidad. Esta singularidad les mantiene cerca porque es encantador encontrar a alguien que les comprenda y con quien se sientan a gusto. Por su bien, estas personas seguirán comprometidas con su causa e incluso se convertirán en defensores de ella. Este compromiso crea un círculo de personas leales y comprometidas con usted.

Tendrá más posibilidades de éxito

Cuando se rodea de personas de calidad gracias a su carisma, conseguirá más cosas y será más feliz. Construir relaciones de calidad a su alrededor lo permite aprovechar las fortalezas, el tiempo y la competencia de los demás más fácilmente de lo que lo haría de otra manera. Descubrirá que nunca está solo porque la gente siempre está dispuesta a ayudarle.

Dada la importancia de aumentar su carisma, ¿cómo puede hacerlo? En la siguiente sección, aprenderá los secretos para desarrollar su carisma y cosechar las recompensas que conlleva.

Cómo aumentar el carisma

Hemos establecido que el carisma es un rasgo del carácter que, si se desea, puede aprenderse y desarrollarse. He aquí algunos consejos para aumentar su carisma y atraer la atención de la gente.

Manténgase centrado

Aumentar el carisma significa mantener la concentración en la tarea que se está realizando. Tanto si se trata de una conversación con una persona, como de una presentación ante un consejo de administración, un discurso comercial o una conferencia ante un público, debe mantener la concentración y evitar las distracciones.

Centrarse en el momento presente lo ayudará a no perder de vista sus palabras y acciones, dando a su público la impresión de que sabe de lo que habla. Tanto en una cita como en una conversación informal con un amigo, debe demostrar a su acompañante que le está prestando toda su atención.

Un pequeño acto de amabilidad como éste les hace sentir bien en su compañía y lo suficientemente cómodos como para abrirse con usted sobre cosas que de otro modo no habrían hecho. La gente perderá interés en estar cerca de usted si no muestra este rasgo. Cuando no presta toda su atención a alguien o a un grupo de personas, se darán cuenta porque en algún momento perderá el hilo de la conversación y se verán obligados a repetir.

Un método para mantener la atención es hacer preguntas que obliguen a la persona a dar una explicación más profunda de algunos puntos. Para empezar, demuestre que está con ellos mental y emocionalmente y eso les permite comunicarse claramente con usted, sin dejar nada a la suposición.

Contagiar calidez

Las personas carismáticas suelen considerarse amables y accesibles. La calidez en la comunicación aumenta la probabilidad de que la gente confíe en usted y siga sus puntos de vista.

A menudo se subestima la eficacia de una sonrisa sincera, pero puede contribuir en gran medida a difundir positividad. Sonreír a alguien da la impresión de que es amable y optimista, dos cualidades esenciales para el encanto. Las neuronas espejo del sistema nervioso se activan cuando alguien sonríe, lo que hace que la otra persona devuelva la sonrisa.

Expresar pasión

Uno de los aspectos más atractivos del carisma es su contagioso entusiasmo. Las personas carismáticas son entusiastas y enérgicas. Otras personas se sienten obligadas a actuar por el mero hecho de estar en su presencia.

Las personas son sensibles a los sentimientos de los demás. Las emociones poderosas se extienden como un reguero de pólvora. Por eso, si trabaja con alguien que suele sentirse deprimido en el trabajo, su estado de ánimo también decaerá si no tiene cuidado. Del mismo modo, podría sentir lo mismo si habla con alguien entusiasta y optimista.

Sea inteligente

La inteligencia se percibe en la forma en que se presenta: su ropa, su aspecto, su comportamiento, su manera de abordar los temas, sus gestos y sus ademanes. Ser inteligente tiene que ver tanto con la apariencia física como con la expresión intelectual. Si se cuida, se sentirá bien con usted mismo, y eso se notará en cómo lo tratan los demás.

La inteligencia es, ante todo, seguridad en uno mismo. Si quiere parecer inteligente, debe tener siempre una expresión agradable y no mostrar nunca signos de tensión en el rostro. A su público no le interesarán sus preocupaciones, ni le importarán especialmente, así que manténgase alegre y acabará teniendo más gente que le cubra las espaldas y le apoye simplemente porque es carismático.

Crea en usted y en sus capacidades, y su comportamiento lo reflejará. Las personas inteligentes siempre están abiertas al conocimiento y al aprendizaje, lo que les permite continuar en el camino del autodesarrollo indefinidamente.

Escuchar activamente

Escuchar activamente significa procesar lo que la otra persona está diciendo en tiempo real, seguir la conversación con naturalidad, tomar nota de las preguntas de la otra persona y hacer anotaciones mentales sobre lo que está observando.

Un oyente activo observa el lenguaje corporal del interlocutor, un aspecto esencial en cualquier conversación. Estar atento también implica que no se limita a escuchar, para responder lo más rápido posible y, a menudo, a la defensiva. En lugar de esperar a que la otra persona termine de hablar para empezar a soltar sus argumentos, reaccione a lo que ha dicho, reconózcalo y participe con ella.

Es fundamental asegurar al interlocutor que no tiene ideas preconcebidas sobre lo que está diciendo. Este acto aumenta su confianza y la del orador.

Aprenda a contar historias

Contar historias hace que hablar y participar en público resulte más ameno e interesante. Conecta a sus oyentes con usted mientras habla, ya sea un público numeroso, un pequeño grupo de personas o una sola persona. Incluir historias en su discurso ayuda a mantener el interés. Si quiere ayudar a su audiencia a entender mejor su mensaje y aligerar un momento serio en sus intervenciones públicas, no tenga miedo de recurrir a experiencias personales, ya sean suyas o de otros.

Piense en formas de establecer paralelismos entre lo que está hablando y acontecimientos que están ocurriendo ahora o que han ocurrido en el pasado. Si no se le ocurre ninguna, invente alguna historia ficticia que apoye su argumento y ayude a su público a entenderle mejor.

Si quiere transmitir su mensaje con eficacia, utilice ejemplos reales. Estos ejemplos de la vida real permiten a su audiencia comprobar sus afirmaciones y ver qué podría ocurrir en situaciones similares.

Sea específico con su público

Sea flexible en su comunicación y sus relaciones. Debe saber lo que funciona en su comunicación y relaciones con personas o grupos concretos. Sus principios deben ser firmes y severos, pero su aplicación debe ser flexible porque diferentes personas o grupos requerirán un enfoque diferente en sus interacciones con ellos. Será más concreto y directo en su trato con la gente si aprende a aplicar distintas estrategias en su comunicación y relaciones con públicos diversos. Esta flexibilidad aumenta su confianza y, a su vez, su carisma.

Otra ventaja es que aprenderá a no hablar por encima de su público. También es imprescindible que hable a su público en el tipo de lenguaje que entienden. El lenguaje que utiliza con los estudiantes debe ser diferente del que utiliza con los adultos en los negocios. Aprenda a utilizar las palabras y acciones que mejor transmitan su mensaje a cada público. Esta flexibilidad del lenguaje contribuirá a mejorar la comunicación y las relaciones interpersonales.

Sea observador

Su capacidad para leer más allá de lo que dice la gente es una habilidad que lo ayudará a aumentar su carisma. Preste atención a sus emociones y a su lenguaje corporal cuando se relacione o se comunique con los demás. Puede leer entre líneas sus acciones y gestos, que a menudo son tan informativos como las palabras que utilizan.

Para potenciar su carisma, debe aprender a ser muy observador. Observe las actitudes, temperamentos, emociones y gestos de las personas mientras se comunican. Cuando utilice este rasgo, aumentará su autoestima y la de los demás. Si trabaja este rasgo, será capaz de entender a las personas incluso cuando no puedan hablarle o decirle lo que les preocupa.

Por otro lado, debe dominar su lenguaje corporal y utilizarlo adecuadamente en sus relaciones e interacciones con los demás. Cuando utiliza correctamente su lenguaje corporal, puede enviar el mismo mensaje con sus palabras y acciones sin contradecirse.

Mantenga una comunicación y un lenguaje corporal coherentes para evitar sembrar la semilla de la desconfianza en el corazón de los que lo rodean. Asegúrese de que sus palabras y sus acciones están sincronizadas al comunicarse.

Mantenga un aire de confianza en todo momento. La gente lo admira cuando tiene confianza en usted mismo, porque es una cualidad que muchos desean.

Recuerde siempre

La gente aprecia que recuerde interacciones anteriores y las mencione en reuniones posteriores. Este sencillo acto de rememoración potencia su carisma al demostrar lo mucho que valora sus interacciones con ellos, especialmente las positivas. También es una herramienta que consigue que lo respeten más que muchas otras. Por eso debe dar prioridad a recordar los nombres de las personas, sus gestos amables, su lealtad, sus ánimos y su apoyo. También puede ser necesario referirse a estas cosas de vez en cuando para expresar aprecio por la persona.

A la gente le gusta que la aprecien, y un corazón agradecido atrae más favores. Del mismo modo, las personas aprecian que recuerde sus nombres la próxima vez que las vea. Les hace sentirse queridos y deseados y les demuestra que valora su presencia.

Estos son los tipos de gestos considerados que ayudan a construir relaciones sólidas, que a su vez aumentan su carisma.

Deje de quejarse

Todo el mundo pasa por momentos difíciles, pero quien los saca a la luz es tachado de negativo. Cuando conozca gente nueva, intente ocultar sus preocupaciones e inquietudes en la medida de lo posible. No es un rasgo carismático ser reconocido por tener siempre quejas. Esta queja incesante afectará negativamente su confianza y la gente lo evitará.

Es posible que tenga algunos amigos íntimos con los que pueda hablar de sus preocupaciones y desarrollar soluciones creativas. Haga todo lo posible por mantenerlas dentro de ese círculo y no más allá. No bombardee constantemente a la gente con sus preocupaciones; esto les cansará y hará que pierda su respeto. En lugar de eso, plantee soluciones a los problemas y demuestre a la gente su valía en lugar de sus defectos.

Mantenga la cabeza alta

Este acto debería ser el primero de nuestra lista, pero puede sonar a lugar común, así que hemos decidido mencionarlo ahora. Sí, mantener la cabeza alta mientras camina por la calle, habla con un desconocido, hace una presentación o habla ante un público es un acto noble. Es el primer signo de una persona segura de sí misma, que hace que los demás lo respeten.

Mantener la cabeza alta le permite mantener el contacto visual con la gente mientras se comunica con ellos. Es una habilidad muy valiosa. Mantener el contacto visual con la gente demuestra confianza, lo que indica a la persona con la que está tratando que también puede confiar en usted.

Es fácil persuadir a la gente para que acepte lo que pone sobre la mesa si ven que tiene confianza en sus palabras, y muchos asuntos desagradables pueden ser aceptables si se presentan correctamente. Esto forma parte de la parte tácita de la conversación, y hará bien en notarlo en los demás cuando interactúe con ellos. Este acto puede resultar difícil al principio, pero si sigue haciéndolo, aprenderá y podrá hacerlo más a menudo.

Haga cumplidos sinceros

Practique hacer cumplidos a los demás con libertad y sinceridad. Este sencillo acto puede parecer insignificante, pero aumenta drásticamente su carisma. Los cumplidos deben hacerse con entusiasmo, ya que aumentan la autoestima de las personas con las que se conversa.

Los cumplidos levantan el ánimo de la gente. Por ejemplo, si alguien se acerca a usted, inseguro de su aspecto, probablemente debido a algún problema que tenga, y usted le dice enseguida lo guapo o guapa que es o lo bien vestido que va.

Lo primero que debería esperar de esa persona es una sonrisa, y debería conseguir que relaje sus nervios y se preocupe menos por lo que sea que haya tenido que afrontar. Los cumplidos genuinos demuestran a los demás cuánta atención presta a los detalles sobre ellos.

Hable de su estado de ánimo, su ropa, sus perfumes agradables, su maquillaje y sus expresiones faciales. Cuando la gente sepa que se fija en estas cosas, estará deseando escuchar lo que piensa cada vez que se pongan en contacto con usted. Este acto lo volverá más seguro de usted mismo, lo que aumenta su carisma.

Aumentar su carisma lo hará entrar en los círculos adecuados más rápido. Como se explica en este capítulo, debe aprender y empezar a practicar esta habilidad. Puesto que no se trata de una predisposición genética, puede entrenarse para ser más afable en cuanto quiera y beneficiarse de ello en sus interacciones sociales. Para lograrlo, debe demostrar siempre que está presente a la persona o personas que tiene delante prestándoles mucha atención. Concéntrese en el tema y evite las distracciones de los demás o de sus dispositivos, como teléfonos o computadoras. Para mantener la concentración, apáguelos o póngalos en silencio. Póngase cómodo y demuéstrelo en cada conversación. La gente tiende a relajarse cuando ve lo tranquilo y cómodo que está, lo que hace que tengan más confianza el uno en el otro mientras se comunican. A medida que avance la conversación, demuestre que está prestando atención repitiendo a intervalos lo que la persona ha dicho. Haga preguntas relevantes que le permitan aclarar cosas, asienta de vez en cuando y utilice todo el lenguaje corporal posible para hacerle saber que está plenamente implicado en la conversación. Aprenda a escuchar las palabras de la gente en lugar de limitarse a responderlas. Para ser un buen oyente, debe ser capaz de ponerse empáticamente en el lugar del interlocutor y evaluar sus palabras sin ideas preconcebidas ni prejuicios. Cuando le toque hablar, intente hacer una pausa unos instantes antes. Así tendrá tiempo de ordenar sus ideas antes de responder.

Transmita siempre confianza moviéndose o hablando con la cabeza alta. Muéstrese elegante en todo momento y deje que la gente vea su entusiasmo. Mantenga de vez en cuando el contacto visual y lleve siempre una sonrisa. Aprenda a elogiar a los demás con libertad y sinceridad. La gente quiere saber que se preocupa de verdad por su bienestar, lo que puede demostrar observándoles más allá de lo que dicen.

Hay mucho que aprender sobre una persona, desde sus expresiones faciales, gestos al hablar, actitud e incluso cómo expresa sus emociones. Mientras busca estas señales, haga que su lenguaje corporal coincida con lo que dice. Infundir confianza en su público le animará a comprometerse plenamente con usted y con su causa. Cuando tenga la oportunidad de volver a encontrarse con la gente, recuerde y llámela por su nombre, recuérdeles conversaciones anteriores o fíjese en algo llamativo de ellos que haya notado cuando se conocieron. Esto les hará sentirse valorados y apreciados por usted. Averigüe cómo aligerar el ambiente con unas cuantas bromas oportunas y una buena anécdota.

Aprender qué funciona mejor para cada individuo o grupo es crucial a la hora de comunicarse con los demás. No utilice la misma estrategia con todas las personas que conozca porque puede que no siempre funcione. Además, aprenda a no agobiar a los demás con quejas. Por un lado, es posible que no puedan ayudarle y lo eviten. Quejarse constantemente lo hace parecer infeliz, lo que perjudica su carisma. Haga todo lo posible por ser una persona valiosa en lugar de alguien reconocido por quejarse. Tómese su tiempo para estudiar esto y ponerlo en práctica. Al principio puede resultar difícil, pero cuanto más practique, más fácil resultará y mejor se llevará con la gente.

Capítulo 6: Catorce trucos psicológicos para influir en la gente

¿Le cuesta conseguir que la gente haga lo que usted quiere? ¿Siente que todo el mundo se resiste a sus ideas y sugerencias? A veces parece que la mejor forma de conseguir que los demás lo escuchen o hagan lo que quiere es engañarlos. ¿Y si supiera que hay algunos trucos que facilitan conseguir lo que quiere de los demás? Resulta que los hay, pero no de la forma que podría pensar.

El mundo de la publicidad, las marcas y el mercadeo utiliza técnicas sutiles para persuadir a la gente de comprar un producto o servicio. Estos trucos psicológicos se utilizan para influenciar a la gente apelando a los instintos básicos y al comportamiento humano. Pasan por alto las defensas lógicas y se aprovechan de los defectos universales de la naturaleza humana, como los miedos irracionales, el amor por la novedad y la tendencia a seguir las normas sociales.

Hay varios consejos y trucos que le ayudarán a captar la atención de la gente
https://unsplash.com/photos/LQ1t-8Ms5PY

Suena poco ético y furtivo, y a veces lo es. Pero en realidad, muchos trucos psicológicos influyen positivamente en la gente. Usted puede aprender estas técnicas (y usarlas éticamente) cuando necesite poner a alguien de su parte. Este capítulo cubre catorce formas diferentes en las que puede utilizar la psicología para influir a otras personas para bien al tiempo que examina cómo funcionan realmente los trucos psicológicos. No se trata de técnicas de manipulación, sino de estrategias que cualquiera puede utilizar en casa o en el trabajo con excelentes resultados.

¿Qué son los trucos psicológicos?

Los trucos psicológicos son un conjunto de técnicas que pueden utilizarse para influir en los pensamientos, sentimientos o comportamiento de una persona. Pueden utilizarse en diversas situaciones: para influir en las acciones de los demás o para cambiar su propio comportamiento y pensamiento. Además, hay muchos diferentes. Algunos implican el uso de la influencia social, como influir en las personas utilizando el poder, la autoridad o la popularidad. Otros trucos se basan en sesgos cognitivos, como el anclaje y la prueba social.

Los trucos psicológicos pueden utilizarse con fines positivos o siniestros. Pueden utilizarlos quienes quieren hacer cosas buenas, como fomentar comportamientos positivos o ayudar a la gente a superar adversidades. Pero también pueden utilizarlos quienes quieren hacer cosas malas, como manipular a la gente para que haga algo que no quiere o hacer que alguien tome una mala decisión con consecuencias negativas.

Si utiliza trucos psicológicos, es esencial que piense detenidamente lo que quiere conseguir y cómo sus acciones pueden afectar a los demás. También debe ser consciente de que no existe una solución única para influenciar a los demás: cada situación es diferente, por lo que debe adaptar su enfoque en consecuencia.

¿Cómo caerle bien a la gente con trucos psicológicos?

Cuando se conoce a una persona por primera vez, hay ciertas cosas que son importantes. Cosas como su aspecto y si parece interesante o simpático. Del mismo modo, todos buscamos saber qué sienten los demás por nosotros. Aquí es donde entra en juego la idea de «simpatía». La gente quiere gustar a los demás porque eso les hace sentir bien y les ayuda a encajar. La manera de caer bien es actuar como si fuera fácil llevarse bien y mostrar emociones positivas como la alegría, felicidad, entusiasmo e inteligencia. Entonces, ¿qué hacer para caer más «simpático»? Bueno, los trucos psicológicos pueden ayudarle a saber qué tiene que hacer en cada situación, cómo debe actuar. Por ejemplo, sonría más a menudo y utilice su lenguaje corporal para hacerse más accesible. O muestre sus verdaderas emociones: ¡esto ayudará a que la gente confíe más en usted y lo quiera más rápido!

Catorce trucos psicológicos para influir en la gente

Conocer trucos psicológicos para influenciar a las personas es una buena idea porque puede ayudarle a ser más persuasivo cuando intenta que alguien haga lo que usted quiere o que le caiga bien. Este tipo de conocimientos también sirve para no tomar malas decisiones que podrían tener graves consecuencias. Hay muchos tipos diferentes de trucos psicológicos y conocerlos todos no es posible. Sin embargo, puede conocer los principales. Esto le ayudará a saber a qué atenerse cuando trate con otras personas. Conociendo los principales trucos

psicológicos, puede tomar el control de la situación y limitar el impacto
que tiene en su vida.

1. Cree confianza antes de hacer una petición

Si no tiene confianza, es menos probable que la gente acceda a sus
peticiones.

- Una forma de generar confianza es hacer un regalo o un favor.
  Un regalo puede ser algo tan pequeño como una taza de café o
  un bolígrafo. Dar un regalo demuestra que es digno de
  confianza y que se preocupa por los demás.

- Otra forma de generar confianza es recurrir a una autoridad
  legítima. Un ejemplo es cuando alguien va al médico y le pide
  consejo. El título y la profesión del médico generan confianza.

- Otra forma de generar confianza es utilizar el lenguaje
  adecuado. Si quiere persuadir a alguien, utilice el nombre de la
  persona y asegúrese de dirigirse a ella con respeto.

2. Utilice la técnica del pie en la puerta

Con esta técnica, pide algo pequeño a alguien antes de pedirle un
compromiso más considerable. Por ejemplo, si está intentando vender
algo, pida primero un pequeño compromiso, como la dirección de
correo electrónico de la persona. Después de conseguir algo pequeño,
puede pedir un compromiso más importante. Sin embargo, antes de
hacer la petición, debe dar algo a cambio. Tiene que hacer que la
persona sienta que ha recibido valor por su compromiso. Si quiere que
la gente done a una causa, haga que se suscriba a un boletín o a una lista
de correo. Si quiere que la gente vote a alguien, primero logre que ponga
una calcomanía en su auto o se ponga una camiseta.

3. Utilice la reciprocidad para crear acuerdos

La reciprocidad es la regla según la cual la gente se siente obligada a
devolver un favor. Si quiere que alguien esté de acuerdo con su
afirmación o con su petición, dele algo primero. La forma más común
de aplicar esta técnica es dar un regalo antes de pedirle a alguien que
haga algo. Tomemos como ejemplo una convención comercial. Se
acerca a una persona y le pide que pruebe su producto. La persona
rechaza su oferta. Puede darle un regalo, como un bolígrafo o un
llavero. Después de darle el regalo, puede pedirle que pruebe su
producto. A veces, hay que dar algo para conseguir algo.

4. Aproveche el poder del lenguaje y las palabras

Para persuadir a alguien, debe utilizar un lenguaje que afecte a sus
emociones. Las palabras más poderosas son las que evocan emociones
fuertes. Algunas de estas palabras son «gratis», «nuevo», «ganar», «fácil»,
«último» y «emocionante». Si quiere persuadir a alguien, debe utilizar
palabras que evoquen emociones positivas. Si tiene que escribir un
ensayo persuasivo, debe utilizar palabras y frases persuasivas. Tiene que
ir más allá de las palabras básicas y utilizar las que tienen *poder de
persuasión.*

5. Trate a los demás como quieren ser tratados

La teoría de la autoverificación es la idea de que las personas son más
propensas a acercarse a otras que tienen el mismo sentimiento
subconsciente sobre ellas que ellas mismas.

Explica por qué las personas optan inconscientemente por confirmar
sus creencias y se aferran a sus puntos de vista y opiniones, por muchas
pruebas que las contradigan.

Por ejemplo, supongamos que alguien cree que todo el mundo
debería reciclar. En ese caso, es más probable que busque pruebas de
reciclaje en el medio ambiente que alguien que no recicla. Buscamos
selectivamente información que confirme nuestras creencias mientras
ignoramos las pruebas contradictorias.

Esta teoría también afirma que los individuos buscan información de
otros que valide sus creencias y percepciones. Por ejemplo, supongamos
que alguien cree que es inteligente. En ese caso, buscará información o a
otra persona que confirme esta creencia y evitará la información que
sugiera que no lo es. Un artículo publicado en 2121 por la Universidad
de California sugiere que la autoverificación funciona porque es más
probable confiar en alguien que actúa de la misma manera que uno
mismo.

6. Cree valores compartidos

Hacer hincapié en los valores compartidos no solo es una forma
bonita de decir «nos parecemos». La falta de valores compartidos, o al
menos un fuerte desacuerdo en los valores, puede ser un obstáculo para
influenciar a otras personas. Las malas relaciones son una de las
principales razones por las que la gente no consigue lo que quiere de
otras personas. Una investigación publicada por la Biblioteca Nacional
de Medicina sugiere que los valores compartidos son esenciales para
guiar el comportamiento porque crean vínculos. Las personas con

valores diferentes no se ponen de acuerdo sobre cómo alcanzar objetivos comunes. Incluso pueden tener objetivos contrapuestos. Y si esto ocurre con suficiente frecuencia, puede crear una relación tóxica que agote tiempo y energía sin conducir a ningún progreso.

Para crear valores similares, puede empezar por evaluar en qué creen los demás y adoptar una postura sobre lo que más valoran. A continuación, pregúnteles cómo puede ayudarles a perseguir esos mismos valores. Cuando las personas comparten sus valores, es más probable que escuchen y acepten nuevas ideas de los demás. Y cuando lo hacen, empiezan a generar confianza y respeto mutuo.

7. Sea un líder cálido y competente

Como destacó la Revista de negocios de Harvard, los programas de formación de empresas y directores generales sugieren que la calidez y la competencia ayudan a ganar la confianza de los subordinados. Cuando las personas son amables y accesibles, hacen que la gente se sienta cómoda. La gente confía en ellas y quiere seguirlas.

Entre los atributos comunes de estas características se incluyen:

- Generar confianza siendo genuino y auténtico.
- Tener claro lo que se quiere y asegurarse de que todos conocen los objetivos y las expectativas.
- Ser honesto y abierto, buscando siempre formas de mejorar las cosas.
- Tomar decisiones sin vacilar, al tiempo que se es capaz de adaptarse a situaciones cambiantes a medida que surgen.
- Tener mucha empatía, comprender cómo se sienten los demás y pensar en cómo les afectan sus decisiones.
- Ser visionario, siempre mirar hacia adelante, a lo que debe hacer a continuación, anticiparse a los retos futuros y encontrar maneras de superarlos

8. Elogie a los demás y sea amable con ellos

La transferencia espontánea de rasgos (por sus siglas en inglés, STT) se refiere a la transmisión de los rasgos de carácter de un individuo a otro. Es una forma de influencia social, ya que puede producirse entre personas cercanas, como familiares o amigos. El STT se ha observado en muchas circunstancias, como la adopción, las situaciones de vida compartida y la escolarización conjunta. Las personas con grandes habilidades interpersonales tienen más probabilidades de mostrar STT, lo que sugiere que puede estar relacionado con la empatía. Un estudio realizado por investigadores de la Biblioteca Nacional de Medicina sobre el fenómeno de la transferencia espontánea de rasgos confirmó que es la tendencia inconsciente de una persona a expresar sus sentimientos y actitudes del mismo modo que otras personas que conoce. En otras palabras, es cuando alguien adopta inconscientemente los rasgos de otra persona.

Ahora pongamos esto en la perspectiva de influenciar a otras personas. Cuando utiliza un lenguaje positivo con alguien, esas características positivas serán percibidas en usted por otras personas. Por ejemplo, si hace un cumplido a alguien, esa persona transferirá esa misma positividad a usted, con lo que se sentirá merecedora de los mismos cumplidos.

9. Esté cerca de la persona más a menudo

Una teoría académica sugiere que el contacto frecuente con un objeto, persona, actividad o sonido puede llevar a los individuos a considerar dicho estímulo como más atractivo. Es lo que se conoce como efecto de mera exposición, descrito en *BMC Psychology*. El *efecto de mera exposición* es un fenómeno psicológico que se refiere a la tendencia de las personas a que les gusten más las cosas después de verlas más a menudo. El efecto de mera exposición puede observarse en diversos ámbitos, como la publicidad y la música. Por ejemplo, las canciones suelen hacerse más populares después de que los artistas preferidos de la gente las interpretan en programas de televisión o radio.

Pasar más tiempo con alguien puede llevar a que le guste esa persona. En realidad, no es sorprendente. Al fin y al cabo, somos animales sociales y pasar tiempo con los demás es una de las principales formas de aumentar las posibilidades de supervivencia. Como resultado, cuando pasamos más tiempo con alguien, es probable que desarrollemos una mayor sensación de familiaridad y comodidad. Esto puede provocar sentimientos de agrado. Una forma de aumentar las posibilidades de que esto ocurra es esforzarse por pasar tiempo con la gente de forma regular. No tiene que salir todas las noches, simplemente asegúrese de pasar algo de tiempo con otras personas cada día.

10. Muestre emociones positivas

Las emociones positivas son atractivas y pueden hacerle más simpático. La alegría, el júbilo, la felicidad y el entusiasmo son emociones positivas. Cuando las siente, se nota en su lenguaje corporal. Por ejemplo, si sonríe cuando habla con alguien, es probable que la otra persona sienta que es feliz y simpática. Sentir emociones positivas también lo hace más optimista sobre el futuro. Este optimismo puede ayudarle a afrontar la vida con alegría y positividad. Cuando siente emociones positivas, también se nota en su lenguaje corporal. Experimentarlas aumenta su confianza y hace que los demás quieran estar cerca de usted.

La Biblioteca Nacional de Medicina publicó un artículo que explora el papel de las emociones positivas en la psicología. Básicamente, las emociones positivas son contagiosas. Cuando se siente bien, los demás también se sienten bien. Sea feliz, sonría y ría para hacer que los demás también sonrían y rían. Anime a la gente con palabras positivas como «buen trabajo» o «bonito peinado» para ayudarles a sentirse bien consigo mismos y generar confianza. Por el contrario, cuando se siente mal o disgustado, es difícil que la gente contrarreste ese estado de ánimo. Así que si tiene un comentario negativo que hacer, es mejor que se lo guarde para usted.

11. Sea abierto sobre sus defectos

Revelar sus defectos es una de las mejores formas de caerle bien a la gente. Cuando a la gente le cuesta conectar con alguien (y luego ve los defectos de esa persona) puede que esté más dispuesta a darle una oportunidad, porque tener defectos lo convierte en una persona real y cercana. Además, es más probable que sientan lástima por usted y quieran ayudarle de alguna manera. Sobre todo si tienen problemas similares. Además, es más probable que les guste y que confíen en usted. Revelar sus defectos no significa que todo el mundo tenga que saber todo sobre usted. Puede mostrar solo ciertas cosas o compartirlas con determinadas personas. Por ejemplo, si sabe que alguien tiene problemas con algo en el trabajo, mencione que usted también los tiene. Esto ayudará a crear un sentimiento de camaradería. Esta técnica es especialmente útil para quienes ya desempeñan un papel de liderazgo. En psicología, se llama Efecto Pratfall. Se ha descubierto que las personas altamente competentes son más agradables cuando cometen un error.

12. Sea vulnerable

Ser vulnerable lo hace más simpático, porque demuestra que está dispuesto a exponerse. Al abrirse sobre su pasado, también demuestra que tiene confianza y empatía por los demás. Esto hace que la gente se sienta más unida a usted y más proclive a agradarle. Para ser vulnerable, hay que ser sincero. Las mentiras hacen que los demás se sientan incómodos, así que lo mejor es confiar en su instinto. Esto puede ser difícil al principio, pero se vuelve más fácil con la práctica. Para influir en los demás con esta cualidad, sea honesto y sintonice con sus emociones. Demuestre que puede ser abierto y sincero sobre sus sentimientos, miedos y preocupaciones. Cuando es vulnerable, es más probable que lo perciban como simpático y digno de confianza.

13. Use la psicología del tacto

Es tan sencillo como parece. Tocar a la gente demuestra que se preocupa por ella y hace que las personas se sientan más cómodas abriéndose a usted. De hecho, tocar es una de las formas más efectivas de hacer que la gente se sienta cerca de usted y se cree una conexión. El contacto físico libera serotonina, oxitocina y dopamina en el cerebro. Puede ser tan sencillo como una suave palmada en el hombro o un roce en la espalda. Se sabe que las *caricias subliminales* provocan sensaciones de calma, relajación y bienestar.

Aunque hay algunas situaciones en las que tocar no es apropiado, como cuando se trabaja en una oficina o en un entorno profesional, en general es una forma estupenda de establecer una buena relación con otras personas, pero recuerde que tocar no significa agarrar. Está bien tomarse ligeramente de la mano, tocar los brazos u hombros o poner la mano en la espalda de alguien para mostrar que está abierto a hablar y que se preocupa por el bienestar de la otra persona.

14. Utilice el reflejo

En psicología, el reflejo consiste en imitar conscientemente los comportamientos, pensamientos y sentimientos de otra persona para reflejar lo que está haciendo o sintiendo. Es una forma de contagio emocional en la que el estado de una persona influye en la otra. Cuando refleja a otra persona, sigue sus señales y lo imita expresando una profunda empatía y comprensión por sus pensamientos y emociones. Al reflejar a los demás, les hacemos saber que pueden ser ellos mismos y les demostramos que nos importan. Hacer esto crea una sensación de conexión, razón por la que se utiliza a menudo en terapia. Una interacción positiva que sea relacionalmente reflejada puede conducir a la comprensión mutua, a la cercanía, a la confianza y a nuevas relaciones.

Al entender cómo piensan las personas, puede utilizar varias técnicas para persuadirlas de tomar medidas que de otro modo serían reacias a tomar. Para ello, gánese su confianza, aumente el valor percibido de usted o de su idea y consiga que lo apoyen.

El uso de trucos psicológicos tiene muchas ventajas, aparte de la de establecer una buena relación con el público. Por ejemplo, pueden ayudar a desarrollar la empatía. Si se acerca a los problemas de los demás, comprenderá mejor por qué pueden estar interesados en usted o en su servicio. Al mismo tiempo, tiene la oportunidad de ponerse en el lugar de otros y ver las cosas desde su perspectiva. Así le resulta más fácil empatizar y demostrarles que se preocupa por ellos.

Capítulo 7: El arte de escuchar sin juzgar

Dominar la habilidad de escuchar atentamente le ayudará a tener éxito en muchos ámbitos de la vida, desde la escuela y el trabajo hasta las relaciones y amistades. En este capítulo se habla del valor de saber escuchar, de los retos que supone desarrollar esa habilidad, de las estrategias para hacerlo y de las técnicas para escuchar con atención plena. También aprenderá a practicar la escucha sin prejuicios.

Todo el mundo, desde su círculo más cercano de amigos y familiares hasta sus empleados y la gente con la que se cruza por la calle, se beneficia de una comunicación clara y eficaz. Es necesario ser coherente, pero también es necesario recordar que las personas se comunican de forma diferente.

Ser un oyente atento es una habilidad que le ayudará a ganarse la confianza de la gente
https://unsplash.com/photos/Sp1uQo368fA

Escuchar sin emitir juicios es una habilidad que los profesionales de la salud mental y los orientadores aprenden en sus estudios. Aunque la formación en este ámbito se ha ampliado recientemente para incluir a más personas relacionadas con la salud mental, cada vez es más importante saber escuchar de forma eficaz sin emitir juicios.

Comprender la importancia de escuchar sin emitir juicios es esencial en situaciones de emergencia (como impedir que alguien piense en el suicidio) y en las interacciones cotidianas con personas que sufren dolor emocional.

El arte de escuchar sin juzgar puede impedir que una crisis de salud mental de una persona empeore y ayudarle a obtener la ayuda que puede cambiar su vida.

La escucha activa: ¿Qué significa?

Hay que trabajar para convertirse en un oyente activo; no es algo que surja de forma natural. La única manera de dominarlo es dedicar tiempo y esfuerzo a aprenderlo y aplicarlo con regularidad.

Cuando se escucha activamente, se presta mucha atención a lo que dice la otra persona y se asimila sin formarse opiniones propias.

¿Qué es escuchar sin juzgar?

Escuchar sin juzgar es escuchar sin emitir juicios y ser capaz de separar los propios sentimientos sobre un tema mientras se escucha.

Todos tenemos un «marco de referencia», un conjunto de anclajes mentales a partir de los cuales tomamos decisiones. La frase «nuestro marco de referencia único», utilizada por primera vez por Aaron y Jacqui Schiff, describe la perspectiva única a través de la cual cada uno percibe el mundo.

La educación, las experiencias personales y los puntos de vista son solo algunos de los componentes que conforman nuestro marco de referencia único.

Sin darnos cuenta, nuestro marco de referencia determina nuestra forma de ver el mundo, y puede resultar difícil mantener la objetividad y controlar los pensamientos y opiniones cuando nos enfrentamos a algo que va en contra de nuestras creencias fundamentales.

Una de las claves para escuchar con empatía y sin juzgar es aprender a liberarse de este marco de referencia para centrarse libre y honestamente en la persona a la que se escucha.

Obstáculos para una escucha eficaz y sin juicios de valor

Hoy en día, es difícil prestar atención a lo que dice alguien sin distraerse con otra cosa: la televisión, la radio, el sonido del motor de un auto, el zumbido de la pantalla del ordenador u otros objetos cotidianos.

Incluso cuando intentamos escuchar, a menudo lo hacemos sin pensar, asintiendo sin entender el significado de las palabras.

Cuando el punto de vista de alguien difiere del suyo, puede estar dispuesto a emitir un juicio precipitado. Podría intentar dominar la discusión hablando más fuerte que la otra persona o planeando su respuesta mientras ella sigue hablando.

Debido al ensimismamiento, tiende a centrarse en sus propias necesidades e ideas y a prestar menos atención al interlocutor. Esta perspectiva egocéntrica puede ser el resultado de prejuicios, experiencias previas, objetivos ocultos o diálogos internos.

Las suposiciones erróneas, dar consejos o hacer análisis que no se han pedido, la negación y los sentimientos de miedo, indiferencia, envidia o las actitudes defensivas pueden dificultar una escucha eficaz y sin juicios.

Elementos esenciales para escuchar sin juzgar

Hay tres cosas que un oyente debe hacer para crear un espacio seguro en el que el interlocutor se sienta cómodo abriéndose. El orador puede tener dificultades para abrirse y compartir lo que tiene que decir si no cuenta con estos ingredientes:

Aceptación

El aspecto más difícil para reducir el marco de referencia es aceptar los cambios. Aunque las ideas y experiencias del orador sean diferentes de las suyas, debe ser capaz de aceptarlas, tolerarlas y comprenderlas.

Empatía

Para empatizar, primero debe escuchar atentamente a la otra persona sin interrumpir sus pensamientos o sentimientos. La mejor manera de empatizar con alguien es ponerse en su lugar y ver las cosas desde su punto de vista para tener una comprensión más matizada del asunto.

Autenticidad

Debe reflejar el lenguaje corporal de la otra persona para transmitirle su sinceridad. Afirmar que comprende mientras muestra un lenguaje corporal cerrado e indiferente transmite un mensaje ambiguo y no demuestra una escucha abierta y sin prejuicios.

¿Cuáles son las ventajas generales de una mentalidad no crítica?

La atención plena sin prejuicios implica prestar mucha atención al momento presente y no intentar cambiarlo.

Vale la pena buscar la sensación de liberación y calma que resulta de conectar con esta experiencia. Además, tiene varias ventajas. Entre ellas:

Estar libre de juicios permite apreciar el esplendor de la vida

Cuando califica algo de «normal», sugiere que no vale invertir tiempo en ello. En cambio, cuando quita esa etiqueta de «normal», se abre a la posibilidad de ver la maravilla y el esplendor de cada faceta de la vida.

Si presta toda su atención a algo, puede que saque tanto provecho de ello que su forma de ver el mundo cambie.

Escuchar sin juzgar puede ayudarle a salir de la adaptación hedonista

La búsqueda constante de más es una fuente importante de descontento. La creencia de que lo que se tiene es insuficiente impulsa la búsqueda de más, ya sea en bienes materiales, estatus social u otro tipo de éxito.

Si puede detener esta búsqueda interminable, será capaz de ver los beneficios de su situación actual.

Es una forma estupenda de calmar sus pensamientos

Solo puede culparse a usted mismo por preocuparse por las cosas «desafortunadas» que le han ocurrido o que podrían ocurrirle.

Si puede quitarles la etiqueta de «desafortunadas», se librará de la angustia que supone ver el mundo a través de esa perspectiva.

Le permite ver las cosas como son

Solo percibe el mundo tal y como se le presenta en función de cómo reacciona a sus ideas preconcebidas. Dejarlas a un lado le permite ver las cosas tal y como son.

¿Por qué es importante escuchar sin juzgar?

Puesto que vemos el mundo a través de nuestras ideas preconcebidas, desarrollar la capacidad de escuchar sin juzgar lo que oímos requiere tiempo y esfuerzo.

Sin embargo, desarrollar esta habilidad tiene muchas ventajas cuando se trata de ayudar y comprender a las personas. Algunas de ellas son:

- Crea una atmósfera en la que las personas se sienten lo bastante seguras como para compartir libremente sus pensamientos y sentimientos.

- Proporciona un espacio seguro en el que el interlocutor puede explorar y comprender sus emociones e ideas sobre un tema.

- Mejora la salud mental del interlocutor, lo cual es crucial porque puede brindarle la ayuda que necesita.

¿Cómo entrenarse para escuchar con más atención?

A continuación, le ofrecemos algunas sugerencias para mejorar su capacidad de escucha atenta:

Preste mucha atención

¿Está reunido y conversando con alguien? Intente estar allí física y mentalmente y preste mucha atención a la persona que habla.

Si se trata de una videoconferencia, descarte o cierre el resto de navegadores y desactive las notificaciones para asegurarse de que puede concentrarse en la conversación. Cierre la puerta, silencie el teléfono y acérquese a la otra persona.

Repare en los signos no verbales

¿Puede saber si la persona que habla está contenta? ¿Cómo se presenta? ¿Qué le dice su tono de voz? Preste atención a estas sutilezas, porque pueden mejorar mucho la experiencia de la conversación.

Del mismo modo que las acciones del interlocutor lo tranquilizan y crean una conexión real, las suyas también pueden hacerlo (como mantener el contacto visual, hacer gestos faciales o asentir para indicar que está de acuerdo).

Evite interferir

Las interrupciones son sin duda el enemigo número uno de la escucha atenta. Demuestran que no está prestando atención a lo que dice la otra persona y que cree que sus opiniones tienen más valor. Además, le impiden seguir la línea de pensamiento del orador y comprender plenamente el tema que se está tratando.

Por tanto, tómeselo con calma, escuche con atención y paciencia y deje que la otra persona termine de hablar antes que interrumpirla, aunque crea que es su turno.

Haga preguntas

Es apropiado mostrar curiosidad, obtener claridad y mantener el debate haciendo preguntas. Además, si la conversación se desvía del tema, hacer las preguntas adecuadas puede ayudar a reconducirla.

Recuerde que debe evitar interrumpir. Espere a que haya un vacío en el discurso antes de lanzar sus preguntas.

Resuma

Además de demostrar que ha prestado atención, citar o resumir puntos significativos de la conversación los ayuda a usted y a la otra persona a considerar si han interpretado el tema con precisión.

Ambos pueden hacer hincapié en lo importante y dar pasos concretos.

¿Cómo desarrollar la capacidad de escuchar sin juzgar?

Desarrollar la habilidad de escuchar sin juzgar requiere tiempo y esfuerzo.

He aquí algunas sugerencias para ayudarle a desarrollar esta capacidad:

Examine su estado mental

Es fundamental que se encuentre en el estado de ánimo adecuado para escuchar activamente a otra persona y oír lo que tiene que decir.

A veces nos cuesta escuchar a los demás porque estamos enfadados con nosotros mismos o porque nos ha pasado algo malo recientemente. Cuando escuche a alguien, mantenga la mente en calma y abra el corazón para absorber toda la información.

Asegúrese de mostrar la actitud adecuada

La aceptación, la autenticidad y la empatía son los tres pilares de la escucha sin prejuicios, y los tres deben estar presentes para que la escucha empática sea eficaz.

Cuando tiene una mentalidad receptiva, reconoce y valora la perspectiva del interlocutor sin cuestionar la realidad de sus emociones, experiencias o creencias.

Esta mentalidad le ayuda a ponerse en el lugar del interlocutor, siendo más auténtico y empático.

Utilice su capacidad de escucha atenta

Expresar interés sutilmente en una conversación ayuda a reducir la probabilidad de que cualquiera de las partes sienta la necesidad de interrumpir.

Entre las excelentes habilidades de escucha atenta se incluyen:

- Hacer preguntas cruciales para confirmar sus conocimientos.
- Utilizar frases como «sí, claro» y «ya veo».
- Dar tiempo a alguien para que piense antes de continuar.
- Resumir lo que se ha dicho.
- Hacer eco de sus sentimientos.

Estos gestos demuestran que está prestando atención a lo que dice la otra persona.

Utilizar habilidades de escucha no verbales

También puede demostrar que sabe escuchar a través de sus acciones sin interrumpir ni ofrecer su opinión.

Entender el lenguaje corporal es esencial para la comunicación no verbal. La capacidad de demostrar atención a través del lenguaje corporal es una herramienta muy eficaz. Un ejemplo de ello es evitar cruzarse de brazos, ya que este gesto puede dar la impresión de que se está siendo antipático o cerrado a lo que le están diciendo.

Una forma de mostrar un lenguaje corporal agradable es mantener el contacto visual con la otra persona a una distancia respetuosa. También debe sentarse en lugar de estar de pie, dejar suficiente espacio personal y poner el asiento de forma que no esté exactamente frente al otro.

Pequeños gestos, como asentir con la cabeza, muestran a la otra persona que le está prestando atención. Permitir silencios naturales y reconfortantes y espacios de apoyo puede dar a la persona un momento para reflexionar.

Comprenda al orador, pero no lo desestime

Supongamos que interrumpe al orador con demasiada frecuencia, termina sus frases, hace comentarios irrelevantes o se apodera de la conversación con historias sobre su propia vida. En ese caso, resta valor a lo que él está diciendo y frena la disposición del orador a abrirse.

Si entra en una discusión sin ideas preconcebidas sobre lo que dirá la otra persona o cómo responderá usted, fomenta un ambiente más abierto. Sea receptivo y dele tiempo a la otra persona para que hable.

Guarde sus opiniones y experiencias para usted hasta que la conversación haya avanzado a un nivel en el que pueda compartirlas adecuadamente y demostrar que comprende la postura de su interlocutor.

Respete las diferencias culturales

La cultura desempeña un papel importante en la interpretación de las señales verbales y no verbales, como el lenguaje corporal apropiado y los límites personales. Si quiere asegurarse de que se está comunicando con claridad, puede preguntar a la otra persona cuándo y con quién se siente más a gusto.

Comprender las diferencias culturales ayuda a escuchar a alguien de otra etnia o procedencia cultural sin juzgar.

Visualice en su mente las palabras del interlocutor

Para entender mejor lo que oye, deje que en su mente se forme una imagen. Si mantiene la mente despejada y los sentidos activos, su cerebro hará el resto, tanto si intenta formar una imagen en su cabeza como si pretende ordenar sus pensamientos.

Concéntrese y memorice los términos y frases importantes mientras escucha. Es una falta de respeto preparar mentalmente su respuesta mientras otra persona está hablando, así que calme sus pensamientos cuando llegue el momento de escuchar.

Por último, recuerde lo que se dice, aunque parezca aburrido o insignificante. Cuando su mente empiece a divagar, recuerde que debe volver a ella.

Haga comentarios

Demuestre que comprende la perspectiva del orador reflejando sus sentimientos. Todo lo que tiene que hacer es asentir con la cabeza y emitir sonidos de acuerdo para demostrar que está de acuerdo con lo que se está diciendo.

El interlocutor necesita ver que está prestando atención a lo que dice. En los casos en que los sentimientos del interlocutor estén ocultos o sus palabras sean ambiguas, puede ser necesario pedirle que repita lo que ha dicho para asegurarse de que capta todo el significado.

Mantenga la mente abierta

Si juzga a alguien mientras habla, no podrá ayudarle en nada. Simplemente escuche sin formarse una opinión.

Si lo que dice le incomoda, no deje que influya en sus reacciones. Recuerde que está intentando ser un oyente eficaz y útil, no un juez al que se le ocurre una réplica o establece comparaciones con otras personas.

Escuche sin hacer suposiciones. Recuerde que es probable que la persona que hace estos comentarios le revele sus pensamientos y emociones más íntimos.

Solo puede conocer esos sentimientos e ideas escuchando, ya que no tiene ni idea de lo que son.

Mejorar la capacidad de escucha mediante la atención plena

Escuchar con atención nos ayuda a ser más sensibles a las intenciones del interlocutor y a mantener la mente abierta. La práctica de la atención plena lo ayudará a escuchar mejor.

¿Qué es la atención plena?

La atención plena consiste en prestar atención de una determinada manera: conscientemente, en el momento presente y sin juzgar. Es especialmente eficaz para mejorar las relaciones románticas, ya que somos más propensos a responder de forma instintiva y emocional.

Mediante la práctica de la atención plena, se puede sintonizar con el entorno inmediato, desprenderse de pensamientos y sentimientos innecesarios y regular mejor las propias reacciones ante las palabras de los demás. La falta de conciencia puede hacerlo susceptible a sus propios prejuicios e impedir que preste atención a lo que dice el interlocutor, ya que actúa como una distracción de su concentración en esas cosas.

Al cabo de unos instantes, una persona promedio solo recuerda el veinticinco por ciento de lo que escucha. El objetivo de practicar la escucha atenta es dejar de pensar en sí mismo y comprender plenamente lo que dice la otra persona.

Cómo escuchar atentamente

Las siguientes sugerencias pueden ayudarle a incorporar la atención plena a sus interacciones cotidianas y a mejorar sus conexiones con los demás:

Escuchar con atención

Habitualmente participamos en actividades y nos relacionamos con personas sin prestar mucha atención.

Practicar la atención plena significa prestar toda la atención al interlocutor. Existen numerosas formas de hacerlo:

- **Tome un respiro:** Si necesita un momento para ordenar sus pensamientos antes de una reunión, tómeselo. Examine mentalmente su cuerpo y relaje los músculos antes de acercarse a la persona con la que va a hablar.

- **Medite:** La meditación es una práctica de atención plena que ayuda a entrenar la mente para prestar más atención al momento presente. El entrenamiento de la atención plena puede guiarle en el proceso de revolver sus pensamientos y dar paso a nuevas ideas y percepciones.

  Descubrirá que la meditación, al igual que otras formas de actividad física, resulta más fácil cuanto más la práctica. La meditación puede ser difícil de encajar en una agenda apretada, pero incluso unos minutos al día ayudan.

- **Simplifique su entorno:** Muchas personas se distraen en el trabajo por culpa de sus teléfonos, portátiles o impresoras. Mantenga su puesto de trabajo despejado y apague todos los aparatos electrónicos.

Preste atención a sus señales

Las respuestas emocionales y fisiológicas, como la preocupación o la irritación, pueden servir como señales y hacer que se ignoren o rechacen ideas y perspectivas que parecen poco atractivas. Si es consciente de sus señales y decide ignorarlas, podrá comunicarse mucho mejor con los demás.

En cambio, cuando entrena su mente para estar presente y consciente, puede escuchar sin verse afectado. Por ejemplo, puede sentir una presión en el pecho si el interlocutor dice algo con lo que no está de acuerdo. Si responde a esta experiencia angustiosa sin practicar la atención plena podría decir algo de lo que se arrepienta.

Escuche con empatía

A menudo filtramos la realidad a través de nuestros prejuicios y experiencias. Uno de los beneficios de desarrollar la empatía es la posibilidad de comprender una situación desde el punto de vista de otra persona.

Podría, por ejemplo, legitimar la opinión de la otra persona reconociéndola. No hace falta que acepte su perspectiva para reconocerla como válida; basta con que se dé cuenta de que es diferente de la suya.

Las estrategias descritas anteriormente son igualmente útiles en la vida personal y en la profesional. Algunos de estos consejos pueden ser más fácilmente aplicables dependiendo del momento, pero en general, utilizarlos lo convertirá en una persona más centrada y accesible.

Por eso es fundamental tener la mente abierta a la hora de considerar los métodos de comunicación de los demás. Es importante recordar que las personas con las que se relaciona en su vida profesional y personal proceden de distintos ámbitos y han tenido experiencias vitales diversas.

Las habilidades y conocimientos que adquiere en la escuela y en el trabajo son cruciales, al igual que las habilidades interpersonales como el respeto, la escucha y el trabajo en equipo.

Capítulo 8: Hacer las preguntas adecuadas en el momento oportuno

Aunque escuchar sin juzgar es la forma correcta de generar confianza, no es más que el primer paso en el desarrollo de la personalidad. Para que brille su carisma, debe aprender el arte de hacer las preguntas adecuadas en el momento oportuno. Sin duda, hacer preguntas mejora el aprendizaje y facilita el intercambio de ideas. Un novedoso estudio dirigido por científicos y psicólogos revela que hacer preguntas causa una impresión positiva y potencia las habilidades comunicativas.

Aprenda a hacer las preguntas adecuadas para abrirse a la gente
https://www.pexels.com/photo/two-women-holding-pen-601170/

Para algunas personas, hacer las preguntas adecuadas es natural debido a atributos como la inteligencia emocional, la curiosidad y la capacidad de leer a las personas. En cambio, la mayoría necesitamos saber por dónde empezar. Esto es lo que debe saber para hacer las preguntas adecuadas y desarrollar una personalidad cautivadora.

El arte de hacer la pregunta adecuada

Solo algunas personas saben qué preguntar y cómo hacerlo. Aunque pueda parecer sencillo, hacer buenas preguntas requiere esfuerzo y tiempo. Puede que se pregunte si hacer la pregunta adecuada le dará la respuesta correcta en cuanto la formule. Esto es cierto cuando la información que busca es específica.

Sin embargo, es posible que en otras situaciones tenga que continuar haciendo preguntas pertinentes. Una buena pregunta dirige la conversación directamente al grano, ya que es descriptiva y concisa y demuestra que entiende realmente lo que quiere decir. Antes de entrar en detalles, repasemos rápidamente los tres tipos de preguntas que se utilizan.

Preguntas abiertas

Estas preguntas desencadenan los pensamientos del oyente y lo motivan a pensar y responder. De este modo, el oyente expresa más de sus pensamientos o comparte una opinión relacionada con la pregunta.

Preguntas de seguimiento

Este tipo de preguntas tienen una importancia fundamental a la hora de mantener una conversación. Normalmente, estas preguntas se formulan sobre el tema o la cuestión, avanzando hacia preguntas más específicas al final.

Preguntas capciosas

Las preguntas capciosas tienen más probabilidades de dirigir la conversación en la dirección deseada. Utilizarlas le permite obtener el tipo de respuesta que desea. Sin embargo, no obtendrá información precisa ni la expresión de lo que el oyente quiere decir. Por ejemplo, si quiere pedirle a un amigo su opinión sobre el bufé de un restaurante al que fueron hace una semana, plantear la pregunta «¿qué opinas de la estupenda comida que comimos en el bufé la semana pasada?» le dará una respuesta sesgada y limitará al oyente a la hora de darle su opinión.

Dependiendo del propósito de la conversación y del contexto, estas tres categorías pueden utilizarse para lograr resultados eficaces.

¿Por qué es necesario formular las preguntas adecuadas en el momento oportuno?

La mayoría de las personas se aferran a sus suposiciones y se inhiben de aprender, ya que están convencidas de sus creencias y no aceptan otras perspectivas u opiniones sobre un asunto concreto. Este comportamiento restringe su capacidad de aprender y comprometerse y demuestra una falta total de curiosidad. Del mismo modo, algunos individuos se sienten inseguros ante las preguntas, temiendo que puedan retratarlos como ignorantes o con escasos conocimientos. Mire a su alrededor y verá que todos los grandes líderes siempre están haciendo preguntas y siempre están abiertos a aprender. Acercarse con las preguntas adecuadas en el momento oportuno ayuda de varias maneras:

- Si negocia con un amigo, un familiar, un vecino o un compañero de trabajo, independientemente de la persona o de su relación, hacer preguntas crea una conexión de confianza y comprensión. Permite conectar de manera significativa.

- Las preguntas se formulan para buscar puntos de vista significativos. Este enfoque ayuda a desarrollar una comprensión más profunda de cualquier asunto o problema que deba abordarse.

- Cuando se hacen las preguntas adecuadas, la otra persona se involucra en la conversación, considerándola relevante. Lo percibirá como una persona competente y comprensiva y se mostrará más abierto a usted.

- En un entorno laboral, hacer las preguntas adecuadas en el momento oportuno provoca un sentido de la responsabilidad donde el trabajador considerará su contribución y resolverá el problema rápidamente.

- Aporta información valiosa y puede mantener un enfoque de resolución de conflictos para lograr resultados fructíferos que lo beneficien a usted y a la otra persona implicada en la conversación.

- Hacer preguntas en el momento oportuno reduce las posibilidades de cometer errores, potencia sus habilidades negociadoras y le permite identificar cualquier situación potencial que deba abordar.

El momento de hacer las preguntas es fundamental. Si inicia una conversación en un momento inadecuado, el interlocutor no se sentirá cómodo escuchándolo, puede que no le preste atención e incluso que ignore lo que le está preguntando. Por lo tanto, dependiendo de la situación, pregúntese si es el momento adecuado para plantear una pregunta o si debería esperar y acercarse en un momento mejor.

Las preguntas eficaces son poderosas y estimulan la reflexión, ya que son preguntas abiertas. Añadir distintos tipos de preguntas puede hacer que otras personas se pongan a la defensiva y no estén dispuestas a responder. Por esto, las preguntas deben hacer pensar y ayudar a generar el enfoque adecuado. Por ejemplo, si en un lugar de trabajo tienen que resolver un problema y usted está en una mala posición, pregúnteles cuál podría ser la solución en lugar de dar por sentado que los empleados saben del tema.

Resolver problemas, aprender, establecer relaciones, influir en los demás e investigar son tareas que se pueden llevar a cabo con preguntas eficaces.

¿Cómo caer bien a la gente haciendo las preguntas adecuadas?

En reuniones sociales o encuentros públicos, si a la gente no se le ocurre nada interesante de lo que hablar, se centra en las otras personas y empieza a hacer preguntas que a veces pueden resultar incómodas. Un artículo publicado por el *Journal of Personality and Social Psychology* revela que la mayoría de la gente prefiere resolver sus problemas sola en lugar de mostrarse receptiva y dispuesta a escuchar. Sin embargo, si cambia el enfoque hacia la persona que tiene enfrente y se acerca con preguntas relevantes, repercutirá positivamente en la otra persona, que lo verá como alguien competente y fiable. He aquí un paso a paso para llevar a cabo una conversación significativa y conseguir que la gente admire su personalidad.

Cómo empezar

Hacer la pregunta adecuada implica dos factores importantes: el momento oportuno y la relevancia de la pregunta. Lo que pregunte tiene que ser sutil, y no una forma más de iniciar una conversación. Aunque numerosos estudios defienden la eficacia de hacer preguntas abiertas para mejorar la conversación, es imprescindible hacer preguntas relevantes para encauzar la conversación.

El momento de la pregunta también es crucial. Supongamos que la otra persona ya está perdida en sus propios pensamientos o asuntos. En ese caso, lo más probable es que la conversación termine sin ningún resultado fructífero. Por lo tanto, asegúrese de elegir el momento adecuado para hacer una pregunta.

Además, si siente que la otra persona quiere hacer una pregunta, muéstrese abierto, escúchela primero y ayúdela en todo lo que pueda. Esto liberará su mente de pensamientos que nublan su razón. No escuchar y no hacer preguntas no lo llevará a ninguna parte.

Para dejar un impacto positivo, céntrese en indagar en lugar de instruir, decir o plantear una pregunta directa. Puede que lo escuchen, acepten o ignoren por completo la conversación. En cambio, su cerebro les obligará a responder si les pregunta su opinión sobre una cuestión. Esto demuestra la influencia de una pregunta frente a decirle directamente a la gente lo que debe hacer. Repasemos diferentes enfoques que puede poner en práctica para formular preguntas con resultados significativos.

Saber lo que quiere indagar

Antes de preguntar nada, elija la formulación correcta, buscando opiniones, consejos o hechos. Empiece por pensar en lo que quiere saber. Ser pertinente y sutil es crucial, ya que lo orientará hacia una respuesta más específica. Así captará el interés de la otra persona y la pondrá en una posición cómoda en la que estará abierta a la conversación. Hacer preguntas que quizá el interlocutor no quiera responder puede hacer que la conversación decaiga.

Elegir a la persona adecuada

Dependiendo de lo que quiera preguntar, elija a la persona adecuada. No irrumpa con preguntas. En lugar de eso, pregúntele amablemente si está disponible para responder a algunas preguntas. Si la otra persona está de acuerdo, es un buen momento para preguntar, ya que estará más dispuesta a escuchar y entender lo que usted tiene que decir. Además, hablar con la persona adecuada produce resultados más fructíferos.

Esperar una respuesta

Mantenga la compostura cuando una conversación esté en curso y evite acelerarla después de haber hecho preguntas. Dé a la persona tiempo suficiente para responder. Aunque quiera mantener una conversación sana, irrumpir con preguntas de seguimiento sin escuchar las respuestas hará que piensen que no valora su punto de vista. Cuando el interlocutor haya terminado de responder, puede mantener otra conversación con preguntas de seguimiento para obtener aclaraciones sobre el asunto. Utilizar la escucha activa es beneficioso y deja una impresión positiva.

Hacer preguntas de seguimiento

Lo mejor es continuar la conversación y hacer preguntas de seguimiento. A menos que busque hechos, la pregunta que haga puede estar influida por suposiciones. Por lo tanto, continuar con preguntas de seguimiento ayuda a saber más sobre la situación e infunde una imagen positiva. Sin embargo, es crucial ser muy pertinente y específico mientras se pregunta en tono amistoso. Un estudio publicado en el *Journal of Personality and Social Psychology* descubrió que hacer preguntas de seguimiento adecuadas mejora el vínculo interpersonal entre las personas implicadas. Elegir las preguntas equivocadas hace que la otra persona se ponga a la defensiva, mientras que mantener una conversación amistosa y hacer las preguntas adecuadas pone de manifiesto su deseo de estar informado sobre la situación.

Asegúrese de que las preguntas que haga muestren su curiosidad y su voluntad de saber más sobre el tema. Estas preguntas de seguimiento pueden ser sondeos que consigan que la otra persona se implique más profundamente en la discusión. Este tipo de preguntas despiertan la curiosidad, fomentan el pensamiento crítico y le permiten recibir información genuina de las personas sobre cómo se sienten respecto a un asunto concreto.

Agradecer

Termine la conversación agradeciendo a la otra persona por su respuesta y su tiempo. Asegúrese de que su lenguaje corporal y su forma de relacionarse ponen de manifiesto su aprecio. Mostrar gratitud y agradecimiento fortalece aún más la relación y le permite buscar ayuda, asistencia u orientación siempre que sea necesario. Aunque el proceso funciona en casi todos los casos, puede modificarlo en función de las circunstancias y la gravedad de la situación. Por ejemplo, entablar una conversación informal con un compañero de trabajo no es lo mismo que hacer preguntas específicas en una reunión de empresa.

Consejos para hacer las preguntas adecuadas

Evitar las preguntas retóricas

Hay que evitar a toda costa hacer preguntas irrelevantes o retóricas solo para entablar conversación o hacer hincapié en un asunto concreto. Elabore una estrategia rápida o piense en preguntas relevantes para recibir la información necesaria que desea sin salirse del tema.

Ser abierto y comprensivo

Sea consciente de lo que pregunta a la otra persona y esfuércese por comprender su mentalidad y su capacidad de respuesta. Plantear preguntas que pongan a la persona en una situación incómoda no es una buena idea. Además, asegúrese de hacer las preguntas en el contexto adecuado. Esto le ayudará a obtener la respuesta que espera de la conversación.

Practicar la escucha activa

Ponga en práctica lo que ha aprendido en los capítulos anteriores, como mantener una actitud positiva, sonreír, asentir con la cabeza y mostrar compromiso mediante el contacto visual. Para aclarar cualquier malentendido, participe con preguntas de sondeo y parafrasee amablemente la respuesta después de que la otra persona haya terminado para confirmar lo que ha escuchado.

Hacer pausas y utilizar el silencio

Es fundamental ser paciente y utilizar el silencio en lugar de hacer preguntas innecesarias. Las pausas entre preguntas permiten que la otra persona se relaje y se sienta cómoda mientras habla con usted. Debe empezar por situarse usted mismo y situar a la otra persona en su zona de confort, hacer una pregunta y esperar a que responda. Escúchela con la máxima atención cuando hable y espere un poco antes de hacer preguntas de seguimiento. Muchas veces, si se da a una persona el tiempo suficiente, da más información.

Evitar las interrupciones

Nunca interrumpa a una persona que habla con usted. Da una impresión negativa de que no valora su opinión y rechaza lo que tiene que decir. Interrumpir mientras otro habla puede desviar la conversación hacia donde usted quiere, pero nunca saldrá como pretende. Sin embargo, cuando el tiempo es limitado, puede interrumpir si la otra persona se esté desviando del tema. Aun así, sea educado y muestre respeto mientras redirige la conversación con una pregunta relevante.

Preguntar como a usted le gustaría que le preguntaran

Piense en cómo le gustaría que los demás se acercaran a usted y actúe de la misma manera. Mantenga esta mentalidad para elegir bien las preguntas y no preguntar lo que podría dar lugar a un problema.

Tener la mente clara

Las suposiciones pueden influir en los pensamientos de una persona, llevándola a una conclusión distinta y no a la que pretendía. Manténgase alejado de las suposiciones y sea imparcial para lograr mejores resultados.

Evitar hacer preguntas binarias

Asegúrese de no formular una pregunta cuya respuesta sea un simple sí o no. Puede utilizar este enfoque para cerrar una conversación, pero debe evitarlo, sobre todo cuando la discusión ya ha comenzado. Empezar con una pregunta binaria lo llevará a necesitar más información. Evite utilizar las preguntas con construcciones cerradas. En su lugar, cambie a quién, dónde, cuándo y cómo para influir en la gente y que piense y le proporcione información relevante.

Usar el lenguaje adecuado

Haga una lluvia de ideas cuando prepare las preguntas y asegúrese de que son fácilmente comprensibles para la otra persona. Pregunte teniendo en cuenta su marco de referencia y elija palabras o frases familiares para facilitar la comprensión. Por ejemplo, utilizar terminología específica con alguien ajeno a un sector determinado no lo llevará a ninguna parte. Además, procure utilizar un lenguaje neutro.

Ceñirse a lo esencial

Si sabe cuál será la respuesta, considere la posibilidad de evitar la pregunta. Así ahorrará tiempo. Acuérdese de construir una serie de preguntas, desde las más generales hasta las más específicas.

Hacer una pregunta a la vez

Durante una conversación, asegúrese de hacer una pregunta a la vez en lugar de poner varias sobre la mesa. Si sigue esta estrategia, la comunicación será clara y comprensible. Se presentará como una persona que aborda los temas con lógica y tiene una comprensión profunda. A continuación, le explicamos cómo hacer una pregunta a la vez.

- Si se trata de un acontecimiento importante, como una reunión, anote las preguntas que va a hacer para recordarlas.

- Sea paciente, escuche a la otra persona y añada una pregunta de seguimiento cuando sea pertinente.

Adquirir experiencia para hacer las preguntas adecuadas requiere tiempo, un enfoque adecuado y mucha práctica. Nunca está garantizado que sus preguntas se acerquen o alejen de sus objetivos. La forma más sencilla de ser bueno haciendo preguntas es empezar a hacerlas. El tiempo y la práctica perfeccionan su habilidad. Recuerde que los resultados fructíferos solo son posibles si hace buenas preguntas.

Capítulo 9: Doce maneras de ser más interesante

No es ninguna sorpresa que las personas fascinantes suelen ser populares y queridas. Ser una persona interesante es un rasgo innato: se da fácilmente y sin esfuerzo a quienes lo heredan. Para otros, sin embargo, ser interesantes no es tan fácil. Por suerte, hay varias cosas que puede hacer para proyectar una imagen más interesante y atractiva.

En este capítulo, aprenderá por qué es bueno ser interesante y cómo este rasgo lo coloca en una posición ventajosa. También encontrará una lista de cosas que puede hacer para desarrollar esta característica.

Ventajas de ser interesante

Antes de entrar en cómo ser una persona más interesante, vamos a explorar algunas de las ventajas de serlo. Por lo general, es divertido pasar el tiempo con personas interesantes por lo que si usted es interesante, la gente querrá pasar tiempo con usted. Nunca hay un momento aburrido o incómodo cerca de personas fascinantes.

Las personas cautivadoras atraen naturalmente la atención de los demás. Destacan con facilidad y parecen diferentes a los demás. Ser más interesante también puede ayudarle a conseguir trabajo más fácilmente. Las personas interesantes suelen ser aventureras, experimentadas y auténticas. Disfrutan compartiendo sus descubrimientos con los demás, nunca dejan de aprender y no les gusta hacer las cosas solo porque todo el mundo las hace. Además de sus conocimientos, cualidades y experiencias, esta característica forma parte de la lista de candidatos ideales para cualquier empresario. Las personas interesantes no solo son divertidas y es fácil trabajar con ellas, sino que siempre tienen ideas nuevas y frescas. Son un activo para las organizaciones y contribuyen a enriquecer sus culturas.

Las personas interesantes nunca pierden oportunidades y experiencias y no rehúyen los retos. El miedo al fracaso o al rechazo rara vez les frena. La forma en que se presentan con confianza en cada oportunidad contribuye a su éxito y les ayuda a conseguir mejores puestos en el trabajo. Ser arriesgados también les ayuda a ganar más dinero. Las personas atractivas no necesitan mentir para impresionar a los demás. También suelen haber visto más cosas de la vida que los demás, lo que les permite comprender lo que realmente importa. Por eso suelen ser humildes y amables y tener los pies en la tierra. Saben que no deben dejar que su ego se dispare, lo que les hace más honestos y dignos de confianza y les ayuda a construir relaciones sanas y satisfactorias.

Las personas fascinantes son difíciles de olvidar. Siempre dejan impresiones únicas e intrigantes en los demás, lo que les lleva a tener una amplia red profesional y social y les da ventaja en las entrevistas de trabajo. Y lo que es más importante, ser una persona interesante puede hacerlo más feliz y más sano. Es difícil no prosperar mental, emocional y físicamente si tiene la clave para elevar los aspectos personales, sociales y profesionales de su vida.

Cómo ser más interesante

1. Aprenda una nueva habilidad

Aprender una nueva habilidad es una forma de ser más atractivo para los demás. No necesita aprender a pilotar un helicóptero para parecer interesante (aunque debería hacerlo si es lo que quiere). Su nueva habilidad puede ser tan sencilla como aprender un nuevo idioma o practicar un nuevo deporte. También puede hacer un curso introductorio sobre un tema que le interese, como la psicología, el comercio de NFT, el diseño de moda o el mercadeo digital, y seguir aprendiendo sobre él si lo encuentra adecuado para usted.

La habilidad que elija desarrollar no tiene por qué estar relacionada con sus estudios o su trabajo. Haga una lista de las cosas que siempre ha querido probar, incluso de niño, y empiece por ahí. Fíjese un objetivo y diseñe un plan que lo ayude a conseguirlo. Si decide practicar un deporte, busque recomendaciones de instructores en su zona. Observe las sesiones de entrenamiento y pregunte al instructor qué puede esperar como principiante, la curva media de aprendizaje, etc.

Si va a hacer un curso de idiomas u otro tipo de formación, decida si va a matricularse en un aula física o en línea. Sopese los pros y contras de cada alternativa antes de tomar una decisión.

Cuando empiece a aprender, puede que se sienta obligado a absorber más información o a ir a un ritmo más rápido del previsto. Sin embargo, el aprendizaje eficaz puede lograrse dando pequeños y constantes pasos hacia adelante. Recuerde la regla del 80/20: el 80 % de los resultados se obtienen a partir del 20 % de los esfuerzos. En otras palabras, no subestime el esfuerzo que invierte, por pequeño que parezca.

Para desarrollar una nueva habilidad, debe aprender un conjunto de pequeñas habilidades en el proceso. Supongamos que decide practicar equitación. Mientras aprende a montar a caballo e incluso a saltar obstáculos, notará que su coordinación corporal, su pensamiento crítico, su memoria y su capacidad para tomar decisiones mejoran con el tiempo. Montar a caballo también se asocia con la confianza en sí mismo, la compasión y excelentes habilidades de comunicación no verbal. Si toma clases de arte, su coordinación visomanual, creatividad, imaginación y habilidades motoras mejorarán.

2. Mantenga la curiosidad y no deje de hacer preguntas

No hay nada interesante en las personas pasivas que dan por sentado el mundo que les rodea. Simplemente existe si no observa el entorno que lo rodea, se hace preguntas y busca activamente respuestas. En lugar de interactuar con el universo, acepta todo lo que le ofrece. Esta es una forma segura de silenciar su voz y mezclarse con quienes lo rodean.

La curiosidad es la esencia de la creatividad. Las nuevas ideas no surgen de la nada, aunque a veces lo parezca. No se puede encontrar inspiración en algo que no se ha visto o reconocido antes. Si no tiene curiosidad, es probable que muchas ideas se le pasen por alto, porque nunca ha entrenado su mente para captarlas.

La curiosidad abre un nuevo abanico de oportunidades que, de otro modo, pasaría desapercibido. También crea una distracción en una vida rutinaria. Las personas curiosas encuentran aventuras en los lugares más inesperados.

Para alimentar su curiosidad, debe estar abierto a aprender cosas nuevas y cambiar su forma de pensar sobre ciertas cosas. A las personas curiosas no les asusta descubrir que algunas de sus creencias y conocimientos pueden estar equivocados. Intentan constantemente profundizar en el funcionamiento interno del mundo y entender por qué las cosas son como son. No dudan en hacer tantas preguntas como necesitan para obtener la información que buscan. Estas preguntas pueden conducir hacia nuevas experiencias y servir para entablar conversaciones interesantes. Ser una persona curiosa lo anima a adquirir una gran cantidad de conocimientos generales, lo que puede ser muy impresionante.

3. Sea un gran narrador

Aunque las experiencias impresionantes, las oportunidades y los descubrimientos curiosos son cruciales si quiere ser interesante, no conseguirá captar la atención de los demás ni dejar la impresión deseada si carece de habilidad para contar historias. La forma de contar sus historias debe ser atractiva y cautivadora.

Los buenos narradores son organizados y van directo al grano. Imagine que alguien le está contando su viaje a la luna: muy interesante, ¿verdad? Sin embargo, por alguna razón, no para de divagar sobre sus dudas acerca de qué llevar en la maleta. Le cuenta detalles insoportables sobre su viaje a la estación espacial. Justo cuando estaba a punto de contarle cómo era el interior del transbordador, dice: «¡Oh! No, lo siento, esto no es lo que pasó. Tenía que hacer una diligencia antes de ir a la estación...». Dedican tanto tiempo a detalles inútiles que se pierde el interés por una historia potencialmente fascinante.

Los narradores expertos saben qué detalles destacar y cuáles omitir. Saben cómo hacer que una historia suene más cautivadora de lo que realmente es sin tener que inventarse ningún detalle. Son descriptivos, saben suscitar emociones y saben hablar en distintos tonos y velocidades para captar y mantener la atención del oyente.

4. Comparta sus pasiones con los demás

Muchas personas evitan hablar de las cosas que les apasionan, sobre todo si no son corrientes. Quizá les han dicho que a nadie le importa o que hablan demasiado. Sin embargo, las personas apasionadas llaman la atención de los demás. No importa lo que le guste: sentir entusiasmo por un tema determinado y compartir sus conocimientos y experiencias al respecto hace que la gente lo encuentre interesante.

Aunque suene contraintuitivo, ganará puntos extra si le apasiona algo
que no es tan común o popular. Mientras que los intereses comunes y
corrientes pueden suscitar conversaciones profundas y crear grandes
vínculos, los intereses poco convencionales despiertan la curiosidad de la
gente. Querrán saber más sobre el tema y entender por qué le apasiona
tanto. Las pasiones, aficiones y talentos lo hacen memorable.

5. Sea sincero y franco

A las personas interesantes no les gusta seguir la corriente. Nunca
adoptan creencias o ideas que no coincidan con sus percepciones y
valores. No les importa compartir sus pensamientos e ideas, aunque
sean diferentes a los de su entorno. Sea franco si siente la necesidad de
serlo. Esto no significa que deba discutir con cualquiera que tenga una
opinión contraria, sino simplemente que nunca debe tener miedo de ser
auténtico con sus opiniones. Incluso quienes no estén de acuerdo con
usted respetarán su franqueza.

6. No se preocupe por las opiniones de los demás

Nunca debe preocuparse por lo que los demás piensen de usted.
Aunque todo el mundo se siente obligado a ocultar ciertas partes de sí
mismo o a fingir que le gustan o no las cosas para ganarse la aprobación
de los demás, nadie debería ceder nunca a este impulso. Nuestras
diferencias únicas son lo que nos hace interesantes. Y lo que es más
importante, es la forma de abrazar su verdadero yo y negarse a
enmascarar cualquier aspecto de su ser, lo que lo hace más fascinante.

No se reprima ni tema expresar sus opiniones y convicciones solo
porque le preocupa que a alguien no le gusten. La gente siempre
encuentra algo para criticar y que no le guste: nunca será perfecto para
todo el mundo. Las personas más interesantes son las que mantienen su
autenticidad independientemente de con quién estén, dónde estén o qué
estén haciendo.

7. Nunca deje de aprender

El conocimiento es infinito: nunca es suficiente. Las personas que se
dan cuenta de las innumerables posibilidades del universo y dejan que
su curiosidad tome la iniciativa son las más apasionantes. Como alguien
a quien le gusta hacer preguntas ilimitadas, que da lugar a conversaciones
que invitan a la reflexión y que mantienen a todo el mundo interesado.
Estar en un estado interminable de asombro puede hacer que esté más
informado, dando a la gente la impresión de que es muy inteligente y
versado en diversos temas.

Los sistemas educativos han condicionado a pensar que aprender es un proceso pesado. Si sigue aferrado a esta creencia, nunca se sentirá obligado a profundizar en ningún tema, aunque le interese. Si asocia el aprendizaje con algo divertido y ventajoso, se encontrará de forma natural aprendiendo más sobre una amplia gama de temas. No es fácil cambiar su percepción general sobre el aprendizaje de la noche a la mañana. Ayuda pensar en el aprendizaje como un proceso neutral que permite adquirir conocimientos útiles antes de pensar en él como una experiencia divertida y satisfactoria.

8. Comparta lo que aprende

Las personas interesantes son así porque les gusta compartir lo que aprenden con los demás. No hablan de sus experiencias porque están ensimismados, sino porque quieren que los demás disfruten y aprendan de sus descubrimientos. Les gusta hablar de por qué un determinado tema despertó su interés y lo que aprendieron sobre él.

9. Escuche bien

Las personas que no saben escuchar a menudo dan la impresión de estar ensimismadas y desinteresadas. Los individuos que solo se preocupan de sí mismos y no escuchan lo que dicen los demás están lejos de ser cautivadores. Aunque hay que ser un buen conversador y compartir conocimientos con los demás, hay que encontrar el equilibrio entre hablar y escuchar.

Pocas personas se dan cuenta de que escuchar es un componente vital de las habilidades comunicativas. No se puede construir un argumento eficaz o transmitir un punto de vista si no se comprende plenamente el punto de vista de la otra persona. Cuando escuche a una persona, tómese su tiempo para asimilar y procesar sus palabras. Reflexione sobre lo que dice y repítalo con sus propias palabras. Esto demuestra a los demás que le interesa lo que dicen y que mantiene una conversación bidireccional. Ser un oyente activo ayuda a los demás a determinar si sus esfuerzos por contar historias son auténticos o si son una excusa para presumir de sus logros.

10. Priorice el autodesarrollo

No hay nada más atractivo que una persona que prioriza el crecimiento y el desarrollo. Póngase un objetivo que desee alcanzar y diseñe una estrategia que le ayude a trabajar para conseguirlo. Practicar técnicas de visualización puede ayudarle a desprenderse de patrones de pensamiento poco útiles. Imaginar su vida después de lograr todo lo que quiere puede ayudarle a mantenerse motivado.

Cuando trabaje en su autodesarrollo, sea positivo. Lleve un registro de sus pensamientos y fíjese en cuándo los pensamientos intrusivos se abren paso en su mente. Medite, imagine que los pensamientos negativos se evaporan en el aire o intente cualquier otra distracción. Lo más importante es que corte esos pensamientos antes de que se vuelvan más poderosos.

Practicar técnicas de meditación y atención plena durante solo cinco minutos al día puede resultar muy eficaz a la hora de enfrentarse a situaciones negativas. Estos ejercicios pueden enseñarle a regular su respiración y a tomar el control de su mente y de los pensamientos que se mueven por ella.

Es probable que experimente numerosos contratiempos en su camino hacia el crecimiento personal. Recuerde que no debe dejar que estos inconvenientes lo desanimen a seguir adelante. Considérelos más bien como oportunidades de aprendizaje y crecimiento. Celebre y prémiese cada vez que supere un pequeño reto.

11. Sea su única competencia

Las personas menos atractivas son aquellas que ven a todos los demás como una amenaza. Competir constantemente con los demás le impide celebrar sus éxitos, aunque sean sus mejores amigos. Esto conduce poco a poco a sentimientos de resentimiento y puede hacer que pierda a muchas personas de su círculo social. La competencia tóxica puede ser perjudicial para su salud física, emocional y mental. Por eso, su única competencia debe ser usted mismo.

Todos tenemos diferentes oportunidades y curvas de aprendizaje. Además, cada uno se enfrenta a un conjunto único de obstáculos y retos en el camino. Competir con los demás es imposible, ya que todos vivimos en circunstancias y entornos diferentes. Céntrese en su propio objetivo y compare sus progresos con su rendimiento anterior. Usted es la única persona que puede saber si va por buen camino.

Habrá momentos en los que se encuentre rezagado. No se rinda; intente mantener un ritmo constante y recuérdese a usted mismo por qué empezó a trabajar para conseguir su objetivo. Cuanto más refuerce esta forma de pensar, más fácil le resultará incorporar esta actitud a su personalidad. No olvide celebrar las pequeñas victorias del camino.

No hay nada que la gente encuentre más inspirador e interesante que una persona impulsada hacia un objetivo que no se molesta en competir con nadie más que consigo mismo. Este comportamiento es un indicador de confianza y autoconciencia.

12. Deje las actitudes tóxicas en la puerta

Si quiere que la gente disfrute de su compañía, debe saber qué actitudes debe abandonar. Las personas demasiado negativas son vampiros de energía. A nadie le gusta estar cerca de una persona que constantemente anticipa lo peor y solo habla de los aspectos negativos de su vida.

Las personas que esperan que el éxito les sea servido en bandeja de plata también son muy poco inspiradoras. Las personas pasivas que no avanzan activamente hacia sus objetivos siempre se quedan atrás y probablemente se quejan de ello.

Debe evitar siempre hablar de forma negativa y autodespreciativa. No se diga a usted mismo que nunca será capaz de alcanzar sus objetivos o de tener éxito. El subconsciente absorbe los pensamientos y las palabras que nos transmitimos a nosotros mismos, y por eso a menudo se convierten en realidad. Recitar afirmaciones a diario puede ayudarle a replantear su proceso de pensamiento y a ser más optimista.

Las personas seductoras asumen sus errores y se responsabilizan plenamente de sus comportamientos y acciones. Se dan cuenta de que los defectos no disminuyen su autoestima, por lo que siempre se muestran seguras de sí mismas. Evitan culpar a los demás de cualquier mala situación en la que se encuentren.

Las personas seguras de sí mismas también saben que pedir ayuda no es una debilidad, por lo que no les importa pedir ayuda a los demás. Entienden que ser demasiado orgulloso obstaculiza sus posibilidades de éxito.

¿Qué hace que una persona sea interesante?

Ahora que ya conoce las ventajas de ser interesante y ha encontrado consejos para convertirse en una persona fascinante, vamos a explorar algunos de los rasgos que distinguen a una persona interesante de una que no lo es.

Una persona interesante es:

- Segura de sí misma.
- Asertiva.
- Tiene un fuerte sentido de sí misma.
- Es muy consciente de sí misma.
- Independiente.
- Apasionada.
- Creativa.
- Asume riesgos.
- Nunca deja de aprender.
- Prioriza el crecimiento y el desarrollo personal.
- Auténtica.
- Expresiva.
- No pierde de vista su propósito.
- Tiene objetivos.
- Tiene un propósito de vida.

Una persona poco interesante es:

- Egocéntrica.
- Arrogante o egoísta.
- Cerrada de mente.
- No está abierta a nuevas experiencias.
- Fijada en ciertas ideologías y convicciones.
- No está dispuesta a aceptar que puede estar equivocada.
- Mala comunicadora.
- Propensa a tomarse demasiado en serio a sí misma.
- Inflexible.
- Poco adaptable.
- Muy predecible.
- Desinteresada por quienes la rodean.

Ser una persona interesante puede ayudarle a establecer relaciones sólidas y redes profesionales. Puede darle una gran ventaja y ayudarle a progresar. Aunque algunas personas son interesantes por naturaleza, usted puede adquirir este rasgo siendo auténtico, orientado a objetivos, apasionado, franco y curioso.

Capítulo 10: Qué hacer y qué no hacer cuando se trata de caer bien

Algunas personas parecen haber nacido simpáticas. A estas personas les resulta fácil mezclarse con extraños y las oportunidades les llegan con facilidad. Es posible que hayan adquirido esas características de niños sin darse cuenta. La buena noticia es que puede cultivar estas características para volverse más atractivo.

Con la familia y los amigos, puede ser usted mismo y hacer alarde de todos sus defectos sin preocuparse, y lo seguirán queriendo; pero con desconocidos, tendrá que pulir su personalidad. A lo largo de su vida conocerá e interactuará con miles de personas. Algunas en la escuela, otras en el trabajo o en reuniones sociales.

Ser querido por los demás, especialmente por aquellos con quienes mantiene una relación estrecha, puede abrirle las puertas a nuevas oportunidades. Sus amigos estarán encantados de informarle de cualquier cosa porque les hace sentirse cómodos y valorados. Sus compañeros de trabajo estarán encantados de colaborar con usted porque es la mejor opción, e incluso puede que su jefe lo ascienda para hacer justicia a sus capacidades. Todo esto es posible si cae bien.

Para establecer relaciones sólidas con los demás, debe tener inteligencia social. Las características que lo hacen simpático, como se ve en este capítulo, le ayudan a desarrollar conexiones sólidas con personas de diversos ámbitos de la vida. Casi todo lo que implica interactuar con los demás requiere una pizca de inteligencia social.

La mayoría de las veces, las cosas que hace mal a sabiendas o sin saberlo provocan que le caiga mal a la gente. Sus amigos y su familia son las únicas personas que lo aceptan tal y como es, porque lo conocen desde hace tiempo y entienden lo que representa Sin embargo, se trata de un grupo reducido de personas en comparación con el resto de sus relaciones.

En este capítulo, conocerá los errores que puede haber cometido y que han perjudicado sus relaciones con los demás. No se puede exagerar la importancia de caer bien; aunque no caerá bien a todo el mundo, tener una personalidad agradable facilita que caiga bien en general. Por ello, debe cultivar deliberadamente las características que hacen que caiga bien a la gente. Este capítulo contiene una guía completa para conseguir su personalidad ideal.

Lo que debe hacer para caerle bien a la gente

La gente quiere creer que puede confiarle información y tareas delicadas. Estos consejos le ayudarán a ganarse el cariño y la simpatía de la gente, pero no debe esperar demasiado a cambio, porque no caerá bien a todo el mundo, así es la vida. He aquí algunos consejos que debe seguir:

Reconozca sus debilidades

Tanto si quiere admitirlo como si no, la gente lo descubrirá. Nadie quiere que lo asocien con un mentiroso, y negar sus defectos hará parecer que oculta algo y, por tanto, que no es de fiar. Compartir o reconocer su vulnerabilidad no significa que tenga que gritar sus problemas a los cuatro vientos o que deba mostrarse indefenso para ganar la simpatía de la gente. Significa que debe ser consciente de cuándo es el momento adecuado para revelar información y ser honesto en todos sus tratos. De lo contrario, podría arruinar aún más las cosas.

Puede admitir un error que haya cometido por ignorancia cuando esté con amigos. Por ejemplo: «Por favor, acepta mis disculpas, tenía prisa y pensé que tus zapatillas me quedarían bien, pero las arruiné». Puede que su amigo ya supiera lo que usted hizo y estuviera esperando su confesión, pero si hubiera negado su error, habría quedado como un cobarde mentiroso y, como resultado, la gente lo evitará en el futuro.

Cuando trabaje en equipo, puede mostrarse vulnerable compartiendo lo que es un reto para usted y pidiendo ayuda para que todos ganen. Esta estrategia hace que quienes lo escuchan se sientan más cómodos con sus propios defectos. Su percepción sobre usted será positiva y probablemente lo admirarán por haberse atrevido a admitir sus defectos. Empezarán a confiarle más oportunidades e información. Cuando admite sus defectos, es posible que los demás le ofrezcan ayuda, consuelo y asistencia. Acepte y hable de sus defectos en lugar de mantenerlos ocultos; al fin y al cabo, nunca dejamos de mejorar.

Evite ser insistente

La gente ya tiene mucho sobre sus hombros, y usted no debería añadir más. No ser insistente es un rasgo difícil de dominar, pero es posible. Ser flexible también implica no ser intrusivo. Se encontrará con personas o situaciones que se oponen a lo que puede tolerar, pero intente llegar a un acuerdo en esos casos. Tomar decisiones difíciles a menudo tiene como resultado que sus preferencias solo le gusten a algunas personas.

Por ejemplo, puede que haga un nuevo amigo al que le guste bailar e ir a parques de atracciones, pero usted prefiere disfrutar de la paz de su entorno antes que ir a un lugar ruidoso y divertido. En este punto, ceñirse a sus preferencias no hará que le guste a su nuevo amigo. En cambio, puede ganar más su aprecio adaptándose ligeramente a sus preferencias.

Esto no significa que deba renunciar a lo que lo hace feliz. Más bien, busque un equilibrio entre lo que usted quiere y las preferencias de los demás. Puede contar a su nuevo amigo lo que piensa de los sitios ruidosos y decirle que está dispuesto a probarlos gracias a él. Ser prepotente y déspota ahuyentará a la gente de usted.

Aligere su estado de ánimo

Es difícil mejorar su estado de ánimo si está pasando por momentos difíciles. Puede que le estén pasando muchas cosas en la vida y necesite reflexionar. Independientemente de las buenas razones que pueda tener para ser introvertido y estar atrapado en sus sentimientos, es egoísta por su parte imponérselas a los demás. Es tedioso si está con compañeros de trabajo y solo piensa y habla de sus problemas.

Todo el mundo tiene problemas, pero ser capaz de dejarlos a un lado y centrarse en el presente hace que le caiga bien a la gente. Las personas agradables son desinteresadas con sus emociones; saben cuándo dejar los sentimientos a un lado. Las personas agradables siempre están alegres y sus sonrisas alegran el ambiente. Después de cumplir con sus obligaciones, busque consuelo entre sus amigos, que comprenderán sus emociones y desearán ayudarle a encontrar una solución.

Ríase lo más que pueda

¿Se ha preguntado alguna vez por qué algunas personas entran en una habitación e inmediatamente dicen o hacen cosas que hacen reír a todo el mundo? La gente ansía la felicidad y se siente atraída por cualquiera que pueda hacerle reír con facilidad. Las personas agradables tienen una actitud despreocupada ante la vida.

Puede que no sea de los que bromean, lo cual está bien, pero puede abrirse más al humor. Sea la persona que reconoce una broma por lo que es y se ríe de ella. Las personas cercanas o lejanas prefieren a una persona despreocupada que puede sonreír y reír con facilidad. No todas las frases o bromas pretenden ofenderle, y encontrar defectos en lo que la gente dice a su alrededor puede hacer que lo eviten. Ponga una cara alegre y facilite que la gente se acerque a usted.

No puede saberlo todo; cuanto antes lo admita, mejor.

No quiere lo que consiguen los sabelotodo. Estas personas pueden encontrarse en lugares de trabajo, escuelas, familias, entre amigos y en cualquier otro sitio. Si es un sabelotodo, lo más probable es que la gente lo evite. La gente asume que lo sabe todo, posiblemente porque nadie se ofreció a ayudarle en sus años de formación, obligándole a aprender todo lo necesario para sobrevivir. Pero las consecuencias sociales son dolorosas, así que si tiene esta inclinación, trabaje en usted mismo para ser más complaciente.

Este grupo cree erróneamente que ha invertido demasiado tiempo y dinero en formarse y que no puede equivocarse. Quieren que todo el mundo piense que lo que ellos dicen es lo mejor. Esta actitud es poco atractiva y hará que le caiga mal a la gente. El rasgo de sabelotodo es común entre los líderes de diversos cargos que quieren imponer su opinión a todo el mundo. Intente ser más complaciente para ganarse el favor de la gente.

Preocúpese sinceramente por los demás

Desarrollar un lado cariñoso puede ser un reto, sobre todo si siente que necesita que reconozcan sus esfuerzos. Vivimos en una época en la que la mayoría de las personas cree que el mundo y todo lo que hay en él les debe algo. Si quiere caer bien, a veces tiene que dejar de lado sus intereses y objetivos para ayudar a los demás a resolver sus problemas. Preocuparse por los demás requiere mucho trabajo.

Hacer felices a los demás requerirá que renuncie a recursos valiosos como el tiempo o el dinero. Para no sentirse culpable por su buena acción, solo ayude y no espere nada a cambio. La gente lo querrá más si se da cuenta de que su ayuda no está motivada por el interés propio.

Ayudar a la gente y esperar algo a cambio arruina sus posibilidades de caer bien o hace que la admiración sea fingida. Es una tendencia común en las redes sociales ver a una persona popular haciendo regalos, pero dando poca o ninguna ayuda cuando alguien la necesita. Le hace preguntarse qué ha pasado con todo el amor en línea que era tan evidente cada vez que había un regalo que compartir. La gente puede fingir sus emociones para seguir recibiendo, así que para superar esto y ganar más seguidores, debe preocuparse por los demás sin esperar nada a cambio.

Sea un buen oyente

Es tentador acaparar las conversaciones cuando tiene muchas cosas interesantes que decir, lo cual está muy bien, pero debería tomarse un descanso para permitir que los demás contribuyan. Permitir la inclusión hará que le caiga mejor a la gente.

La comunicación debe ser de doble sentido, una persona que habla y la otra que escucha. Distraerse cuando alguien le está hablando no le hará ganar amistades ni conocidos. Aunque no le guste mucho hablar, puede ser la oreja que escucha y anima a los demás a desahogarse, siempre que sepan que les escuchará y responderá. La gente lo querrá más si escucha sus opiniones y es menos crítico. Cuando sea usted quien hable, intente dejar espacio a los demás para que respondan y compartan sus ideas.

Sacrifique su tiempo

La humildad y pasar a un segundo plano le abrirán varias puertas, pero no ponga condiciones. Es natural admirar a alguien que se desvive por ayudar a los demás, aunque no tenga que hacerlo. Las personas manipuladoras, que supuestamente dan sin esperar nada a cambio, no tardan en mostrar su verdadera cara cuando se las ingenian para que les devuelvan todos los favores recibidos. La gente lo querrá más si es sincero en su sacrificio de tiempo. Pasar más tiempo con la gente fomenta la familiaridad, y a la gente le gustan las personas con las que está familiarizada.

Sea franco

En un entorno social tiene que expresarse con claridad. No espere que nadie le lea la mente y adivine sus intenciones. Hable tanto como necesite para comunicar sus sentimientos y puntos de vista. Como empresario, debe hablar siempre en un lenguaje sencillo para que sus clientes puedan entenderle y tomar decisiones con conocimiento de causa. Hablar mucho es una fortaleza de carácter que debe utilizarse cuando es necesario. Evite ser una persona charlatana que interrumpe las conversaciones. Nunca deje pasar la oportunidad de hablar, por insignificante que crea que será el impacto. Su discurso puede ser la solución que alguien ha estado buscando, otorgándole su favor.

Haga preguntas

La gente lo querrá más cuando les dé la libertad de contarle todo lo que saben. Al permitir que la otra persona lo ayude, le da un sentido de importancia y aumentan sus probabilidades de caerle bien. La gente lo apreciará más rápidamente si les permite compartir sus conocimientos.

Refleje a la otra persona

La imitación ayuda a muchas personas a reducir la tensión con desconocidos. Esta estrategia consiste en imitar las expresiones faciales, los gestos y el lenguaje corporal de otra persona. Esté atento y capte estos detalles en los primeros minutos de la conversación, y luego represéntelos. Imitar el comportamiento de otras personas puede acelerar el proceso de caer bien.

Elogie a los demás

Elogiar a los demás no le cuesta nada. Un cumplido como «me encanta su pelo, le queda muy bien» o «tiene una sonrisa preciosa» puede ayudar mucho a caerle bien a la gente. La gente a la que elogie empezará a ver inconscientemente esas cualidades en usted, aunque usted no las tenga. A medida que diga cosas bonitas de los demás, empezarán a pensar cosas bonitas de usted. Intente hacerlo con moderación; la clave es que sea genuino.

Emita positividad

Quienes lo rodean pueden sentirse infelices si está constantemente enfadado y descontento. El mal humor se extiende como la pólvora. En cambio, la energía positiva se deja notar y la gente disfrutará de su compañía. Emita vibraciones positivas para caer bien. Busque siempre el lado positivo de la vida y razones para estar satisfecho. La preocupación nunca resuelve un problema.

Sea una persona competente y cálida

Gustará más a la gente si es simpático y no competitivo en el trabajo o en otras reuniones sociales. A nadie le gusta el drama, por eso la gente se siente atraída por las personas cálidas y acogedoras. La gente lo querrá y respetará más si es simpático y tiene un nivel educativo o económico alto. Es útil que conozca a la gente antes de demostrar sus conocimientos. Este punto es especialmente pertinente en entornos empresariales, donde la competencia es inevitable. Presumir primero de sus cualidades puede ahuyentar a algunas personas o hacer que se sientan intimidadas, lo que dificultará que se relacionen con usted.

Enfatice el valor común

Cuando la gente se identifica con lo que usted representa, lo quiere. La gente gravita hacia quienes tienen valores similares. Principalmente las personas que buscan el favor o la aceptación del público utilizan este rasgo. Oirá historias sobre cómo vivieron en un barrio similar al suyo y experimentaron la vida de la misma manera que usted para conseguir que los conozca y caerle bien. Aunque algunas personas emplean esta táctica con malicia, usted puede utilizarla para beneficiarse de las similitudes que comparte con los demás.

Comparta un secreto

Gustará más a la gente si se muestra vulnerable ante ellos. Compartir un secreto con alguien le hace sentir que forma parte de su vida. Puede hacer que alguien se sienta especial y como usted confiándole algo. Utilizar este enfoque lo ayudará a conocer a alguien rápidamente, pero no comparta información sensible demasiado pronto, sobre todo si no confía en que la persona no la va a transmitir.

Sea digno de confianza

Ya se ha hablado de la importancia de compartir secretos en la construcción de la amistad, pero como oyente, caerá mejor si sabe guardar los secretos que le confían. Ser digno de confianza significa ser leal, fiable y veraz. Si posee estas cualidades, caerá bien a la gente.

Lo que no debe hacer para caerle bien a la gente

Es posible que, sin querer, irrite a los que lo rodean. Si quiere desarrollar una buena relación, evite las siguientes cosas que no debe hacer:

Actuar como si alguien le cayera mal

Mantener el lenguaje corporal bajo control le ayudará a no enviar un mensaje equivocado. No puede caerle bien a la gente si actúa como si le cayeran mal.

No sonreír

Solo algunas personas tienen esa cara amable y sonriente, pero no conseguirá gustar a la gente si su rostro lo hace parecer imposible. Lo ayudaría esforzarse por sonreír y hacer gestos cálidos.

Ser demasiado nervioso

La gente admira la seguridad en uno mismo y la valentía. La gente atribuye atributos negativos a su nerviosismo, lo que lo hace antipático.

Alardear demasiado

Puede que sea bueno en lo que hace, pero intente no sobrevalorarse, sobre todo delante de desconocidos.

Ser demasiado amable

Ser demasiado amable puede dar la impresión de que está fingiendo. Como nadie es amable todo el tiempo, decir que no de vez en cuando le dará más credibilidad.

Ocultar sus emociones

No puede gustar a la gente si no lo ve vulnerable. Aparentar ser todopoderoso y autosuficiente no lo hará simpático.

No decir nada de usted y pretender saber más de otra persona

No puede construir una buena relación si oculta todo sobre usted. A cambio de toda la información personal que le proporcione la otra persona, debe compartir una pequeña parte de usted mismo.

Compartir información personal profunda al principio de la relación

Antes de compartir demasiada información con alguien, debe saber cuánto puede soportar. De lo contrario, corre el riesgo de que se desanime.

Querer tener siempre el control

Intentar controlar todo lo que lo rodea y no dejar que la gente se apropie de nada no lo hará popular. Dele a la gente la oportunidad de demostrarle lo que son capaces de hacer.

Enfadarse con facilidad

Si se enfada y se irrita con facilidad, se volverá inaccesible y lo evitarán.

Hablar con desprecio

¿Quién quiere estar cerca de alguien que no ve nada bueno en él? Nadie. En lugar de criticar a quienes lo rodean, hable en positivo y anímelos.

Ser rápido para culpar

Se puede ser menos crítico comprendiendo la motivación de una acción. Busque las causas antes de culpar a alguien.

Ser demasiado sincero

Aunque ser honesto es una virtud, hay momentos en los que es mejor callarse para no poner en peligro a nadie.

Es fundamental caerle bien a la gente, aunque no sea a todo el mundo. Para establecer conexiones sociales sólidas, necesita una buena dosis de aprecio de la gente. Cuando cae bien, las oportunidades se presentan.

Intente causar una buena primera impresión cuando se encuentre con desconocidos por primera vez. Si la gente lo malinterpreta la primera vez que lo ve, tardará mucho tiempo en cambiar su opinión sobre usted. Asegúrese de utilizar un lenguaje corporal apropiado para transmitir su mensaje. Son las pequeñas cosas que hace de forma natural las que lo hacen atractivo. Como ya se ha dicho, la gente lo respetará si tiene confianza en usted mismo y es competente, y este libro explica cómo alcanzar este nivel.

Ser carismático significa mostrar su personalidad con confianza. Cuando se presenta con gracia y valentía, la gente lo admira. Llamará mucho la atención a donde vaya y no podrá evitar caerle bien a la gente. Sea menos crítico con los demás y recuerde que todos tenemos algún defecto. Sepa cuándo hacer preguntas y evite pasarse de la raya. Será más interesante y simpático después de seguir las guías de este libro.

El ejercicio que sigue lo ayudará a aplicar todo lo que ha aprendido en este libro. Elija las mejores respuestas para rellenar los espacios en blanco.

Mencione cinco formas en que la primera impresión le ayuda a establecer buenas conexiones sociales.

1.____

2.____

3.____

4.____

5.____

Mencione tres señales de lenguaje corporal que empezará a utilizar para mostrar su carisma.

1.____

2.____

3.____

Mencione cuatro trucos psicológicos que haya aprendido para caerle bien a la gente.

1.____

2.____

3.____

4____

Escriba sus planes para mejorar su capacidad de escucha.

____

¿Qué aspectos de su actitud hacia las personas deberían cambiar para ser más interesante?

1.____

2.____

3.____

4.____

5.____

6.____

7.____

8.____

9.____

10.____

A veces debe entender por qué alguien le cae tan bien. Tal vez esa persona tenía todas las características que se requieren para ser simpática, pero usted no lo había tenido en cuenta. Su motivación puede provenir del bienestar que siente en presencia de esa persona. Caer bien a alguien es un truco psicológico que mucha gente utiliza sin saberlo. Implica mucho esfuerzo, pero vale la pena. En este capítulo se han destacado consejos y trucos para establecer mejores relaciones.

Conclusión

¿Se ha dado cuenta de lo importante que es caer bien? Este libro contiene una guía y una explicación detallada que lo ayudará a conseguir su objetivo. Debe desarrollar ciertos comportamientos, o afinarlos si ya los tiene.

A veces, solo se dispone de unos minutos para causar impresión en un desconocido. Su primera impresión tiene una gran influencia en el resultado de la reunión. Puede hacer que el ambiente sea positivo, aunque el desconocido no lo reciba bien. Si cae bien, puede influir fácilmente en los demás. La gente será considerada y acogedora con usted porque les cae bien. Recibirá favores de desconocidos si les resulta interesante.

Aprenda y aplique los consejos que se describen en este libro. Están escritos en términos sencillos y son fáciles de entender. Estudie y domine la modificación de gestos que no correspondan con el mensaje que desea transmitir.

Gustar a la gente es un asunto serio y debe tratarse como tal. Aproveche al máximo su primera impresión dando a los desconocidos motivos para querer volver a verle. Cuando entre, sea usted quien ilumine una habitación sombría con una sonrisa o una conversación interesante. Puede entablar conversaciones informales con todos los presentes para sacarlos de su melancolía antes de cambiar de ambiente y hacerles reír o sonreír. Sea una persona accesible, empática y fiable en la que los demás puedan confiar para pedir consejo.

La gente admira a las personas carismáticas. No cabe duda de que estar ahí para los demás es la forma más fácil de ganarse su favor. Contribuya en la medida de lo posible y participe en las pequeñas tareas que realicen. Debe mejorar la confianza en usted mismo para mostrarle su valor a cualquiera, independientemente de su situación económica.

No dé por sentado que lo sabe todo; haga preguntas si está confundido. Hacer preguntas no significa hacer que le repitan las cosas hasta la saciedad. Pida aclaraciones solo cuando sea necesario y preste atención cuando alguien le esté hablando.

Otra cualidad que puede hacerle querer de los demás es su capacidad para escuchar. Creerán que se preocupa de verdad porque le interesa todo lo que dicen. Utilice sus emociones a su favor. Al principio, puede parecer que simplemente está sirviendo a los demás o que le importan mucho, pero no deje que esto lo desanime. Sea amable sin esperar nada a cambio. Mantenga una honestidad absoluta en todo momento.

Vea más libros escritos por Andy Gardner

Referencias

Kim, L. (2016, 21 de noviembre). Catorce cosas que harán que le guste a la gente (e incluso que lo quieran). Mission.org. https://medium.com/the-mission/14-things-that-will-make-people-like-you-heck-even-love-you-e0562f5bd72a

Kassel, G., & Jones, A. (2020, 15 de abril). Diez señales de que está en una relación íntima, según los expertos. Women's Health. https://www.womenshealthmag.com/sex-and-love/a32007484/intimate-relationship/

Katherine, C. (2022, 5 de abril). Beneficios de la conexión social y la salud mental. Bright Futures Psychiatry. https://www.brightfuturespsychiatry.com/social-connectedness-and-mental-health-benefits/

Komer, R. (2021, 21 de febrero). Construir conexiones relacionales. The Center for Family Transformation. https://www.familytransformation.com/2021/02/21/building-relational-connections/

MSD. (2018). Conectividad social y bienestar - Ministerio de Desarrollo Social. https://www.msd.govt.nz/about-msd-and-our-work/publications-resources/literature-reviews/social-connectedness-and-wellbeing.html

Komar, M. (2016, 29 de junio). Señales de que está causando una mala primera impresión. Bustle. https://www.bustle.com/articles/169879-11-signs-youre-making-a-bad-first-impression-how-to-fix-the-problem

Taylor, R. A. (2022). Cómo causar una gran primera impresión: La guía definitiva para causar una gran primera impresión. Publicación independiente.

Waggoner, S. C. (1983). Primeras impresiones. Child Care Quarterly, 12(4), 247-257. https://doi.org/10.1007/bf01115467

Waters, S. (s.f.). Cómo causar una buena primera impresión: Consejos y trucos de expertos. Betterup.com. https://www.betterup.com/blog/how-to-make-a-good-first-impression

Zenn, J. (2022, 21 de septiembre). Cómo causar una buena primera impresión: catorce consejos para probar. HubSpot. https://blog.hubspot.com/marketing/first-impression-tips

Diez técnicas de lenguaje corporal positivo que lo ayudarán a triunfar. (2021, 17 de junio). Udemy Blog. https://blog.udemy.com/positive-body-language/

La expresión facial. (2016, 30 de septiembre). Facial Palsy UK. https://www.facialpalsy.org.uk/support/patient-guides/facial-expression/

Comunicación no verbal: lenguaje corporal y tono de voz. (2020, 22 de octubre). Raising Children Network. https://raisingchildren.net.au/toddlers/connecting-communicating/communicating/nonverbal-communication

Lenguaje corporal positivo - Guía rápida. (s.f.). Tutorialspoint.com. https://www.tutorialspoint.com/positive_body_language/positive_body_language_quick_guide.htm

(N.d.-a). Indeed.com. https://www.indeed.com/career-advice/career-development/body-language-examples

(s.f.-b). Toppr.com. https://www.toppr.com/ask/question/facial-expressions-gestures-eye-contact-nodding-the-head-and-physical-appearances-are-the-form-of/

Veinticinco acciones definitivas para aumentar la confianza en usted mismo. (2007, 10 de diciembre). Zen Habits. https://zenhabits.net/25-killer-actions-to-boost-your-self-confidence/

Khan, S. A. (2020, 18 de septiembre). Ejemplos de cómo mostrar respeto a los demás y por qué es importante. Legacy Business Cultures. https://legacycultures.com/examples-of-showing-respect-to-others-and-its-importance-in-life/

Kloppers, M. (s.f.). Nueve maneras inteligentes de ganar confianza. Mentalhelp.net. https://www.mentalhelp.net/blogs/9-clever-ways-to-gain-confidence/

Cuaderno, A. (2018, 28 de junio). Tres beneficios de la autoestima en las interacciones sociales. Alison's Notebook - Inspiring The Better You. https://alisonsnotebook.com/why-self-esteem-advantage/

Sitio web, N. H. S. (s.f.). Mejorar la autoestima. Nhs.uk. https://www.nhs.uk/mental-health/self-help/tips-and-support/raise-low-self-esteem/

(s.f.). Inc.com. https://www.inc.com/business-insider/how-to-become-more-charasmatic-according-to-psychological-research.html

Brown, J. (2015, 10 de junio). Siete formas de mejorar su carisma. Entrepreneur. https://www.entrepreneur.com/leadership/ways-to-increase-your-charisma/247075

McKay, K. (2021, 28 de noviembre). Los tres elementos del carisma: Presencia. The Art of Manliness; Art of Manliness. https://www.artofmanliness.com/people/social-skills/the-3-elements-of-charisma-presence/

Business Insider. (2019, 1 de marzo). Estos son 16 trucos psicológicos para caerle mejor a la gente de forma inmediata. ScienceAlert. https://www.sciencealert.com/here-are-16-psychological-tricks-to-immediately-make-people-like-you-more

Cherry, K. (2005, 4 de noviembre). Técnicas de persuasión psicológica. Verywell Mind. https://www.verywellmind.com/how-to-become-a-master-of-persuasion-2795901

Clerke, A. S., & Heerey, E. A. (2021). La influencia de la similitud y el mimetismo en las decisiones de confianza. Collabra. Psychology, 7(1), 23441. https://doi.org/10.1525/collabra.23441

Cuddy, A. J. C., Kohut, M., & Neffinger, J. (2013). Conectar, luego liderar. Harvard Business Review, 91(7-8), 54-61, 132. https://hbr.org/2013/07/connect-then-lead

Buggy, P. (2017, 11 de agosto). El no juicio: ¿Qué es? Y ¿por qué es importante? (4 Beneficios). Mindful Ambition. https://mindfulambition.net/non-judgment/

Harris, D. W. (2022, 31 de marzo). El arte de escuchar en seis sencillos pasos. Asociación Canadiense de Salud Mental. https://www.mentalhealthweek.ca/the-art-of-listening-in-six-steps/

Sutton, J. (2016, 21 de julio). La escucha activa: El arte de la conversación empática. Positivepsychology.com. https://positivepsychology.com/active-listening/

El sutil arte de escuchar puede transformar la calidad de su comunicación y sus relaciones. (s.f.). Mentalhelp.net. https://www.mentalhelp.net/relationships/listening/

03-26-, U. (2016, 26 de marzo). Diez consejos para hacer buenas preguntas. Dummies. https://www.dummies.com/article/business-careers-money/careers/job-searches/ten-tips-for-asking-good-questions-172698/

Dahl, M. (2017, 14 de junio). Gustará más a la gente si hace preguntas. The Cut. https://www.thecut.com/2017/06/people-will-like-you-more-if-you-ask-them-questions.html

Hsieh, C., Andrews, T., & Varina, R. (2019, 20 de noviembre). Cien preguntas que le ayudarán *realmente* a conocer a alguien. Cosmopolitan.

https://www.cosmopolitan.com/sex-love/a29774929/questions-to-get-to-know-someone/

Martel, M. (2013, 5 de junio). Cómo ser asombrosamente bueno haciendo preguntas. Lifehack. https://www.lifehack.org/articles/communication/how-amazingly-good-asking-questions.html

Musselwhite, C., & Plouffe, T. (2012, 12 de noviembre). Para tener el mayor impacto, haga las preguntas adecuadas. Harvard Business Review. https://hbr.org/2012/11/to-have-the-most-impact-ask-qu

Scuderi, R. (2013, 10 de abril). Once consejos para mejorar su capacidad de escucha activa. Lifehack.

Corporativa, I. (2021, 22 de abril). Desarrollo personal: libere todo su potencial y alcance sus metas. Iberdrola. https://www.iberdrola.com/talent/personal-development-tips

Cuncic, A. (2013, 30 de agosto). Cómo ser mejor narrador cuando tiene ansiedad social. Verywell Mind. https://www.verywellmind.com/how-to-be-a-better-storyteller-3024850

Cuncic, A. (2022, 31 de agosto). Cómo ser más interesante. Verywell Mind. https://www.verywellmind.com/how-to-be-more-interesting-6455914

Latumahina, D. (2007, 14 de noviembre). Cuatro razones por las que la curiosidad es importante y cómo desarrollarla. Lifehack.

(N.d.-a). Inc.com. https://www.inc.com/travis-bradberry/8-habits-of-incredibly-interesting-people.html

(N.d.-b). Indeed.com. https://www.indeed.com/career-advice/career-development/learn-new-skills

Brandon, J. (2014, 29 de mayo). Diez formas sencillas de caerle mejor a la gente. Time. https://time.com/135945/make-people-like-you/

Lebowitz, S. (2020, 19 de octubre). Quince trucos psicológicos para caerle bien a la gente de inmediato. Independent. https://www.independent.co.uk/life-style/sixteen-psychological-tricks-people-like-you-a7967861.html

Perry, E. (s.f.). Cómo caerle bien a la gente: diez consejos para hacer nuevos amigos. Betterup.com. https://www.betterup.com/blog/how-to-make-people-like-you

Lebowitz, S. (2019, 21 de marzo). Catorce cosas que hacen que le caiga mal a la gente al instante. Business Insider. https://africa.businessinsider.com/strategy/14-things-youre-doing-that-make-people-instantly-dislike-you/rp4xfnf#article

Dawson, K. (2021, 18 de febrero). Diez cosas que debe y no debe hacer al empezar una relación. Brides. https://www.brides.com/starting-a-new-relationship-5105367

Davenport, B. (2021, 11 de agosto). Preguntándose «¿por qué no le gusto a la gente?». 21 razones y soluciones. Live Bold and Bloom; Barrie Davenport. https://liveboldandbloom.com/08/self-awareness/why-people-dont-like-me